# Small Country

NICK HORNBY

# Small Country

VIER STORYS

Kiepenheuer
& Witsch

MIX
Papier aus verantwortungsvollen Quellen
FSC® C014496
FSC
www.fsc.org

Verlag Kiepenheuer & Witsch, FSC-N001512

1. Auflage 2011


*Not A Star, Small Country* und *Otherwise Pandemonium* aus dem Englischen von Ulrich Blumenbach; *NippleJesus* aus dem Englischen von Clara Drechsler und Harald Hellmann.

Umschlaggestaltung: Rudolf Linn, Köln
Umschlagmotiv: © Michael Möller – www.fotolia.com
Autorenfoto: © Stephen Hyde
Gesetzt aus der Trump Mediaeval und Trade Gothic
Satz: Felder KölnBerlin
Druck und Bindearbeiten: GGP Media GmbH, Pößneck
ISBN 978-3-462-04321-1

# INHALT

# NOT A STAR

Dass mein Sohn der Star eines Pornofilms ist, fand ich heraus, als Karen Glenister, die zwei Häuser die Straße runter wohnt, mir einen Umschlag durch den Briefschlitz steckte. Im Umschlag steckten ein Video und ein Zettel:

*Liebe Lynn,*
*es ist eigentlich nicht meine Art, den Leuten Schmuddelfilme in den Briefkasten zu stecken! Aber ich könnte mir denken, dass der hier Dave und Dich interessiert! Er gehört nicht mir, möchte ich noch hinzufügen! Carl war am Freitagabend noch bei einem Freund, nachdem sie einen trinken waren, und der hat dieses Video eingelegt, Du weißt ja, wie Jungs sind! Und Carl hat jemanden erkannt, den Ihr kennen dürftet. Er hat sich gar nicht wieder eingekriegt vor Lachen. Ich hatte ja keine Ahnung!*

*Hat er das von seinem Dad?!? Wenn ja, hast Du das aber schön für Dich behalten!!!!*
*Gruß*
*Karen*

Typisch, oder? Auf so was kommt auch bloß dieses Miststück Karen Glenister. Die arbeitet im Krankenhaus als Schwester, also kennt sie alles und jeden. Und wenn die was erfährt, dann erzählt sie's dem Nächstbesten weiter, ob's den was angeht oder nicht und ob's den interessiert oder nicht. Von Daves Beschnippelung wusste sie rund zehn Minuten vor mir, und fünf Minuten später wusste die halbe Stadt Bescheid. Alles muss über sie laufen. Sie ist der Verkehrsknotenpunkt für Klatsch und Tratsch. Und prompt war es ihr Sohn, der Marks Film sah; das musste ja so kommen. Das ist hier so Gesetz.

Ich war allein zu Hause, als ich den Umschlag von der Fußmatte nahm. Dave war noch bei der Arbeit, und Mark geht mittwochs nach dem College noch auf den Bolzplatz. Ich riss den Umschlag am Küchentisch auf, las den Zettel und sah mir das Video an, dessen Titel ... Hören Sie, wenn ich diese Geschichte erzählen soll, muss ich ein paar Wörter in den Mund nehmen, die Sie vielleicht schweinisch finden. Aber wenn ich sie nicht sage, verstehen Sie nicht, warum ich so schockiert war. Also. Der Film hieß *Drei Schwengel für Charlie*, und auf dem Cover war ein Bild von Mark. Er stand hinter einer Frau mit riesigen Möpsen, auf denen seine Hände lagen, sodass man ihre Nippel nicht sehen konnte.

Mir wurden die Knie weich. Ich konnte nicht aufstehen und bekam kaum noch Luft. Den Film hatte ich da noch nicht gesehen und gönnte mir noch den Luxus der Einbildung, mein Sohn würde nicht viel *tun*, außer hinter barbusigen Frauen zu stehen, deren Nippel er mit den Händen abdeckte. Ich glaube, es könnte sogar einen kurzen Augenblick gegeben haben, wo ich mir gesagt habe, Mark wäre einfach gentlemanlike gewesen – da stand dieses arme Mädchen auf einmal ohne Bluse da, aber Gott sei Dank war Mark bei der Hand und konnte ihre Blöße bedecken ... wenn Sie Kinder haben, wissen Sie ja, wie das ist. Das Schlimmste glaubt man immer erst, wenn man keine andere Wahl mehr hat.

Ich konnte es einfach nicht fassen. Mark!, dachte ich. Mein Mark! Mark, der immer am Küchentisch saß und sich mit den Englischhausaufgaben mühte, die ihm so schwerfielen, dass er Abend für Abend seinen Kuli durchkaute! Anfangs verstand ich nicht, warum ich das Video gerade wegen dieser Erinnerung nicht für echt halten konnte. Es musste doch Millionen von Menschen geben, die ihren Lebensunterhalt damit bestritten, sich auszuziehen, und jedem Einzelnen von denen fielen die Englischhausaufgaben wahrscheinlich schwer. Oder bin ich da voreingenommen? Kann man Bestnoten in Englisch kriegen und dann der Star in einem Film namens *Drei Schwengel für Charlie* werden? Kann man sich kaum vorstellen, oder?

Aber dann reimte ich mir zusammen, warum das Kulikauen nicht zu einer Pornokarriere passte. Mark ist ... na ja, er ist nie irgendwo der Star gewesen. Er wollte eine Ausbildung in Richtung Reise und Freizeit machen, damit er in einem Sportzentrum arbeiten kann, aber das Büffeln fällt ihm schwer. Wir fragen uns manchmal, ob das zu viel für ihn ist und ob er zu hoch hinauswollte. Als ich ihn jedenfalls auf dem Cover von dem Video gesehen hab, ist mir klar geworden, dass wir ihn immer als ... ich weiß nicht, *nichts Besonderes* gesehen haben. Ich meine, natürlich ist er was Besonderes, weil er unser Sohn ist. Aber ich hatte den Eindruck, die Worte, die er in den letzten paar Jahren am häufigsten von mir zu hören bekommen hatte, waren »Macht doch nichts«. Zeugnisse, Prüfungsergebnisse, Stellenbewerbungen, Testtrainings beim Fußball, Freundinnen: »Macht doch nichts«, »Macht doch nichts«, »Macht doch nichts«. Ich kenn eigentlich keine Pornos, nur das, was im Spanienurlaub damals im Fernsehen kam, als wir plötzlich auf diesen deutschen Kabelkanal gestoßen sind. Aber wenn mir jemand gesagt hätte, Mark wäre in einem aufgetreten, und ich dann hätte raten sollen, was er wohl für eine Rolle hat, hätt ich unter Garantie gesagt, er wäre der Ehemann, der seine Frau mit dem Fensterputzer im Bett erwischt oder so. Ich wäre nie auf die Idee gekommen, dass er's aufs Cover schaffen könnte. Eigentlich ein Jammer, wie wenig man seinen Kindern zutraut, oder?

Und jetzt musste ich mich quasi auf ein völlig neues Leben einstellen – ein Leben, in dem Mark etwas Besonderes hatte, das ihn von allen anderen unterschied. Auch wenn ich da noch keine Ahnung hatte, was dieses Etwas war. Das war dann der nächste große Schock.

Ich weiß, das klingt jetzt komisch, aber wahrscheinlich hatte ich seit Marks Geburt nicht mehr über seinen Penis nachgedacht. Also, nicht dass ich damals so viel über ihn nachgedacht hätte, aber es war einfach das letzte Mal, dass er mir etwas bedeutete. Am Tag seiner Geburt war sein Penis einfach das, was ihn ausmachte, um's mal so zu sagen. Die Hebamme hielt ihn hoch und sagte »Es ist ein kleiner Junge«, und ich sah hin, und da war einer. Und deshalb wurde Mark Mark und nicht Olivia, wie er nämlich geheißen hätte, wenn er keinen gehabt hätte. Und danach ... Na ja, ich hab ihn gewaschen und alles, bis er dafür selber groß genug war, und damit hatte es sich. Unsere Beziehung war vorbei. Auch als er dann seine ersten Freundinnen hatte und Dave und ich uns fragten, ob er wohl mit denen schlief, hab ich über diesen Teil von ihm nie nachgedacht. Ich hab Dave gesagt, er soll ihm die ganze Sache mit der Verhütung und so erklären, und wenn ich an sein Geschlechtsleben dachte ... also, daran hab ich möglichst nicht gedacht. Einmal, da muss er ungefähr siebzehn gewesen sein, bin ich an einem Donnerstagnachmittag zufällig in sein Zimmer gekommen, und Lisa war bei ihm, seine damalige Freundin. Sie waren nicht etwa nackt, aber sie machten eben auch keine Hausaufgaben, und er fasste sie überall an. Ich bin einfach wieder rausgegangen und hab Dave später gesagt, er soll mit ihm mal darüber reden, was bloß werden soll, wenn sie von ihm schwanger wird, was ihn das kosten würde. (Ich hab's Dave überlassen, wie er ihm das verklickert, denn – macht doch nichts, macht doch nichts – ich konnte das nicht.) Aber gesagt hab ich nie was. Nur hätt ich auf das verzichten können, was ich da gesehen hab. Es war, als hätte ich Mum und Dad in flagranti ertappt. Es gibt garantiert sogar ein ganzes Buch über Sex und die Familie, schließlich ist das so ein wichtiges und schwieriges Thema. Das Problem ist bloß, man möchte es nicht lesen, stimmt's?

Das alles ging mir durch den Kopf – Marks Penis und Sex und Familie und so –, als ich das Video einlegte. Ich hab nicht alles gesehen. Konnt ich einfach nicht. (Und zwar nicht, weil da Mark zu sehen war, oder weil es so versaut war, sondern weil es einfach Mist war, billig, vulgär und deprimierend, wie eine Nacktversion alter Sitcoms aus den Siebzigern. Die Frau mit den großen Brüsten sollte beispielsweise Französin sein, also sagte sie natürlich »O, là, là!«. Das war so ziemlich alles, was sie sagte.) Aber ich hab genug gesehen, um zu verstehen, warum Mark auf dem Cover war. Das war der Größte, den ich je gesehen hab. Okay, ich hab nicht viele gesehen, aber man sieht die heute ja mehr als früher, nicht wahr? Man sieht sie in Filmen, und die Kolleginnen pinnen manchmal Poster und Postkarten an die Wand, und Dave ist auch nicht der einzige Mann, mit dem ich je geschlafen hab. Und ich kann aus eigener Erfahrung sagen, dass die, die ich kenne, alle so ziemlich dieselbe Größe hatten. Aber Marks ... Der sah aus, als würde er gar nicht zu ihm gehören. Der sah aus wie ein Special Effect. Aber er musste echt sein, denn niemand bei klarem Verstand hätte Mark in so einem Film auftreten lassen, wenn es nicht wegen seinem Ding gewesen wäre. Schauspielern kann er ums Verrecken nicht, und wenn er redet, versteht man kaum was, weil er so nuschelt, und wie Tom Cruise sieht er auch nicht gerade aus. Er sieht okay aus, nehm ich mal an, aber keiner würde ihm deswegen so einen Protzpenis bauen. Mark war also doch etwas Besonderes. In der Hinsicht mussten wir also keineswegs »Macht doch nichts« sagen.

Sie sagen sich jetzt wahrscheinlich »Häh? Die hatte keinen blassen Schimmer? Also ist die jetzt blind oder blöd?«. Und als der Film weiterging und ich sah, wie sich die Mädchen ungläubig die Augen rieben (darauf beschränkten sie sich nicht, aber es gab eine Menge Augenreiben, und dafür war ich ganz dankbar), versuchte ich auseinanderzuklamüsern, ob ich in den letzten Jahren irgendwelche Hinweise übersehen hatte.

Als Erstes fiel mir wieder ein, dass er was gegen Gemeinschaftsduschen gehabt hatte – an der Schule hatte es deshalb irgendwelche Scherereien gegeben, und am Ende mussten wir seinem

Sportlehrer einen Brief schreiben. Weder Dave noch ich stellten ihn je zur Rede, um zu erfahren, was genau das Problem gewesen war; er hatte einfach nur gesagt, er hätte was dagegen und würde sich dabei nicht wohlfühlen. Dave machte sich sogar Sorgen, er könne schwul sein, aber wir hatten schon ein paar Männermagazine unter seinem Bett gefunden, die Theorie brachte also nichts. Und dann erinnerte ich mich an die Sache mit den Hosen. Er hat immer weitgeschnittene Hosen bevorzugt – er hat nie Jeans oder so getragen, und wir haben ihn deswegen immer ein bisschen aufgezogen, weil er am Ende so brav aussah. Er hat mehr Anzüge als jeder andere Dreiundzwanzigjährige – die kauft er sich bei Oxfam und in anderen Secondhandläden – und unzählige legere Bundfaltenhosen, wie meine Mum die nannte, also Flanellhosen mit Bügelfalten. Andere Jugendliche fand er immer verwahrlost und dreckig und sagte, niemand wüsste mehr, wie man sich anständig anzieht, aber jetzt wurde mir klar, dass er diesen Stil gewählt hatte, um sich aus der Klemme zu ziehen, wenn man so will. Seine Kleidung passte irgendwie nie zum Rest seiner Persönlichkeit oder zu seiner Lieblingsmusik oder zu den Freunden, mit denen er abhing, von daher haben wir das nie ganz verstanden, aber das lag daran, dass uns die erforderlichen Informationen fehlten. Und außerdem wollte er irgendwann nicht mehr, dass ich ihm Unterwäsche kaufe. Das packte er ganz clever an, er sagte nämlich, damit würde ich mich nicht auskennen, also mit Unterhosen, Socken und Unterhemden, aber im Rückblick ist natürlich klar, dass er sich eigentlich nur wegen der Unterhosen Sorgen machte. Slips mochte er nicht; er trug grundsätzlich nur Boxershorts, die für mich wie Badehosen aussehen, aber innen ein Netz haben, wo man ihn reinstecken kann. Sie wirken ein bisschen protzig, man würde sie sich eher an einem Nackttänzer vorstellen, und Dave dachte dann wieder eine Weile, Mark könne doch schwul sein. Aber da war der von den Männermagazinen schon zu richtigen Mädchen übergegangen, und ich fand, das wäre doch ein bisschen viel Aufwand, bloß um zu demonstrieren, wie hetero er war. Wir verschwendeten nicht viel Zeit darauf, uns das zusammenzureimen. Er hatte eben seine Macken (wer hat die nicht?), und die Sache war gegessen.

Ich stellte das Video ab und saß einen Augenblick da. Dave musste jede Minute nach Hause kommen und Mark auch, obwohl der mit seinen Bolzkumpels immer noch einen trinken ging, und ich wusste bei beiden nicht, was ich sagen sollte. Vielleicht musste ich auch gar nichts sagen. Vielleicht musste ich nur zu dieser beschissenen Karen Glenister rübergehen, den Film zurückgeben und ihr einschärfen, wenn sie auch nur ein Sterbenswörtchen über Marks Dingsda verlauten ließ, würde ich ihr eins über die Rübe ziehen. Aber insgeheim wusste ich, dass es dafür zu spät war.

Als Dave nach Hause kam, saß ich auf dem Sofa und starrte den dunklen Fernsehbildschirm an.

»Stimmt was nicht?«, fragte er.

»Ich habe gerade einen ziemlichen Albtraum erlebt«, sagte ich.

»Was ist denn los?« Er setzte sich neben mich, nahm meine Hand und sah mich an. Er hatte einen Schreck bekommen, und einen Augenblick lang wusste ich, dass es nicht das Gleiche war, ob man erfährt, dass der eigene Sohn einen Riesenpenis hat oder dass man selber Krebs hat, also versuchte ich zu lächeln.

»Ach, nichts Ernstes. Echt nicht. Bloß ...« Ich hob die Videohülle vom Boden auf und gab sie ihm. Er lachte.

»Was?«, fragte ich.

»Wo hast du das denn her?«

»Von Karen Glenister.«

»Sieht ihr ähnlich. Ist doch witzig.«

»Was soll daran witzig sein?«

»Er sieht ihm ähnlich, oder? Hast du's ihm schon gezeigt?«

»Noch nicht. Er ist beim Fußball. Dave ...« Ich holte tief Luft. »Das ist Mark.«

Er sah mich an, dann sah er das Video an, und dann sah er wieder mich an.

»Wie meinst du das?«

Ich breitete achselzuckend die Arme aus, weil ich auch nicht wusste, wie ich das anders sagen sollte.

»Mark?«

»Ja.«

»In diesem Film?«

»Ja.«

»Und was macht er?«

Ich zuckte wieder die Achseln, aber diesmal meinte ich, na, was machen die Leute denn so in Pornofilmen?

»Warum?«

»Da musst du ihn schon selber fragen.«

»Nein, ich meine .... wie sind sie auf Mark gekommen? Er ist nicht ... er kann nicht ...«

»Dave«, sagte ich. »Unser Sohn hat den größten ... *Dingens*, den ich je gesehen hab.«

Dann besprachen wir alles, die Unterhosen und das Duschen und die ganze Sache, und es war wie eins von diesen Gesprächen in *Emergency Room* oder so. Sie wissen schon, ›wie konnten wir das bloß übersehen? Wie konnten wir so blind sein?‹. Nur geht es in ER in der Regel um Prostitution oder Heroinsucht, was viel ernster ist, und die Anzeichen, um die es geht, sind nie so deutlich erkennbar. Die haben bessere Ausreden für ihre Blindheit.

»Er hat das versteckt«, sagte Dave, und da musste ich das erste Mal richtig lachen. »Na, hat er doch, oder? Jahrelang. Verdammter Mist.«

»Was hätte er sonst machen sollen?«

»Keine Ahnung. Er hätte mit uns reden können.«

»Wie denn? Mit mir hätte er nicht reden können.«

»Wieso nicht?«

»Ich bin seine Mutter. So was erzählt der mir nie im Leben. Ich hätt ihn, ehrlich gesagt, auch nicht gelassen.«

»Dann wäre das also meine Aufgabe gewesen?«

»Niemand hatte die Aufgabe. Was hättest du denn machen sollen? Ihn alle paar Monate fragen, wie's denn so läuft? Es war seine Sache, Dave, und er hatte so schon, ich weiß auch nicht, eine ganze Latte voller Probleme.«

Das Ärgerliche ist, man kann nichts dafür. Egal, was man sagt, alles klingt plötzlich nach

Schweinkram, auch wenn man das gar nicht will, und plötzlich reißt man nur noch Witze über das Geschlechtsteil des eigenen Sohns. Es war irgendwie ungesund, aber unvermeidlich, so wie man nun mal Abgase atmet, wenn man an der Autobahn wohnt.

»Willst du den Film sehen?«, fragte ich Dave.

»Nein. Auf keinen Fall. Ich halt das nicht aus.« Ich fand's komisch, wie er das sagte, weil er das »ich« so betonte, als wäre er was Besseres.

»Je nun, Spaß hat's mir auch nicht gerade gemacht.«

»Aber du hast ihn gesehen, stimmt's? Obwohl du da schon sein Bild auf dem Cover gesehen hattest. Du wusstest, was dir blühte.«

»Nein, eigentlich nicht.«

»Tut mir leid«, sagte er nach einer Weile. »Bloß, weißt du ... Bisher war es ein ganz normaler Tag. Ich hab nicht erwartet, dass ich zu Hause feststellen muss, dass mein ganzes Leben auf den Kopf gestellt worden ist.«

Ich sagte nichts. Obwohl ich darauf hätte hinweisen können, dass lebensverändernde Tage in aller Regel unerwartet kommen. Ich habe mein halbes Leben lang darauf gewartet, dass das Allerschlimmste passiert, doch bisher ist es nicht eingetreten. Aber wenn es einmal passiert, haut es einen trotzdem um.

Mark kam gegen elf. Meistens sind wir dann schon oben und wollen langsam ins Bett, aber aus naheliegenden Gründen waren wir aufgeblieben, und er war überrascht, dass wir noch auf dem Sofa saßen und fernsahen.

»Läuft was Spannendes?«

Dave drehte sich nicht mal zu ihm um.

»Nein. Eigentlich nicht«, sagte ich. »Aber der Film hatte gerade angefangen, und wir wollen noch sehen, wie er ausgeht.«

»Ich mach mir noch 'n Sandwich.«

»Okay, Junge.«

Wenn er an den Fußballabenden aus dem Pub kommt, macht er sich immer noch ein Sandwich, und deshalb hatte Dave ihm das Video auf den Küchentisch gelegt. So wusste er, dass wir ihm auf die Schliche gekommen waren, ohne dass wir was sagen mussten. Weiter hatten wir eigentlich keinen Plan. Wir waren wahrscheinlich davon ausgegangen, es würde Streit geben und dann vielleicht ein Gespräch; aber wir hörten dann nur, wie die Haustür zuknallte.

»Scheiße«, sagte Dave. »Und jetzt?«

»Was glaubst du, wo er hin ist?«

»Woher soll ich das wissen?«

»Glaubst du, er ist gerade ausgezogen?«

»So zieht man nicht aus. Man sagt nicht ›Ich

mach mir noch 'n Sandwich‹, und dann ist man mit einem Türenknallen für immer weg.«

Ich sagte nichts, aber meiner Erfahrung nach machten die Leute das genau so. Man kann an jedem x-beliebigen Wochentag die Lokalnachrichten einschalten und hören, wie sich eine Mutter beklagt, dass sich ihr Sohn nicht mal richtig verabschiedet hat. Und dann wird eine Telefonnummmer eingeblendet mit der Bitte um Informationen.

»Ich könnte mir denken, dass er zu Becca rübergegangen ist«, sagte Dave.

»Soll ich sie anrufen?«

»Nein. Lass ihm Zeit. Wenn wir morgen nichts von ihm hören, rufen wir bei ihr an.«

Becca war Marks Freundin. Sie hatte ein paar Straßen weiter eine eigene Wohnung, aber die Woche über blieb Mark selten bei ihr, weil sie eine Mitbewohnerin hat, deren Freund im Norden wohnt. Mark verbringt meistens die Wochenenden dort, wenn sie die Wohnung für sich haben.

An Becca hatte ich bisher noch gar nicht gedacht, aber als Dave sie erwähnte, bekam ich sie nicht mehr aus dem Kopf. Was ...? Wie ...? Ich musste mich bremsen, aber Dave und ich verstummten gleichzeitig, und ich bin sicher, wir dachten gerade dasselbe.

Genau in diesem Augenblick drehte sich ein Schlüssel im Schloss, Mark kam herein und setzte sich in einen Sessel. Eine Weile sahen wir noch alle fern.

»Ich dachte mir schon, dass irgendwas nicht stimmt, als du gesagt hast, du willst wissen, wie der Film ausgeht«, sagte Mark, und da merkte ich erst, dass wir zugesehen hatten, wie Manchester United eine französische Mannschaft plattmachte.

»Wie habt ihr's rausgefunden?«

»Karen Glenister hat uns das Video durch den Briefschlitz gesteckt.«

»Karen Glenister? Wie kommt die denn an so was ran?«

»Carl hat das Video bei einem Freund gesehen und ausgeliehen, als er dich erkannt hat.«

»Habt ihr's gesehen?«

»Ich ja. Dein Dad nicht.«

»Werd ich auch nicht«, sagte Dave, als versuchte Mark, ihn zu überreden.

»Wie gehen andere Leute damit um?«, fragte ich.

»Was für andere Leute?«, fragte Mark.

»Andere Mütter. Familien. Die haben schließlich alle Mütter, oder nicht? Pornostars, mein ich?«

»Ich bin kein Pornostar«, sagte Mark.

»Was bist du denn dann?«, fragte Dave.

»Ich bin kein Star, klar? Stars sind Leute wie Jenna Jameson und Ron Jeremy.«

»Wer?«

»Das sind Pornostars. Kennt ihr nicht.«

»Genau. Also könntest du auch ein Pornostar sein. Du könntest Großbritanniens berühmtester Pornostar sein, und ich hätte nicht die geringste Ahnung.«

»Glaubt ihr etwa, Ron Jeremy wohnt zu Hause bei seinen Eltern?«

»Woher soll ich das wissen? Weiß der Geier, wer Ron Jeremy ist! ›Ron Jeremy‹! Klingt eigentlich genau wie jemand, der bei seinen Eltern wohnt.«

Ich war langsam frustriert. Ich wollte nicht darüber reden, wo Ron Jeremy wohnte. Ich wollte mich mit meinem Sohn darüber unterhalten, was er aus seinem Leben machte.

»Wie hat das angefangen?«, fragte Dave. »Wie lange geht das schon so? Wie viele Filme gibt es?«

Aus irgendeinem Grund war ich bisher gar nicht auf die Idee gekommen, es könne noch mehr geben.

»Angefangen hat es ... Na ja. Irgendwie durch Becca.«

»Becca? Die ist auch ein Pornostar?«

Mark seufzte. »Mum. Becca arbeitet in einer Spielgruppe. Das weißt du doch.«

»Ich weiß langsam gar nichts mehr. Ich weiß nicht, was sie macht.«

»Und jetzt glaubst du, als wir uns letztes Jahr ihr Krippenspiel angesehen haben, war das eine abgekartete Sache, ja? Becca weiß überhaupt nichts von ... na ja. Meinem Zweitjob.«

»Aber du hast doch grade gesagt ...«

»Vielleicht darf ich mal ausreden? Ihr wisst doch, dass Becca eine Mitbewohnerin hat, oder? Und dass der Freund dieser Mitbewohnerin in Manchester wohnt? Und der macht das. Der dreht Pornos.«

»Na toll«, sagte Dave. »Das erklärt natürlich alles. Dir blieb nichts anderes übrig, stimmt's? Wenn der Freund der Mitbewohnerin deiner Freundin in Manchester Pornos dreht, musstest du ihm quasi einfach aushelfen. Ich meine, kaum bekommst du einen Anruf von ihm ... Stell ich mir so vor, als würde man einen Anruf von der Queen bekommen. Ablehnen kommt nicht in die Tüte. Und wie kommt's, dass Becca davon nichts weiß?«

»Weil ... Wollt ihr das alles wirklich so genau wissen?«

»Ja. Wollen wir«, sagte Dave.

»Dann müssen wir aber auch über ein paar ganz schön peinliche Sachen reden.«

»Ich will nicht darüber reden, was du da machst.

Nur wie du da rangekommen bist. Wie das passiert ist.«

»Dann muss ich trotzdem Sachen sagen, die ihr wahrscheinlich nicht hören wollt.«

»Wir wissen alles«, sagte Dave. »Deine Mum hat den Film gesehen, schon vergessen?«

»Kann sein, aber Sehen ist nicht dasselbe wie Reden. Wir könnten sagen, Schwamm drüber, und nie mehr darüber sprechen.«

»Wie sollen wir denn nie mehr darüber reden?«, fragte ich. »Wie sollen wir hier Tag für Tag zusammen Abendbrot essen, wenn das alles passiert?«

»Meistens passiert nicht viel«, sagte Mark. »Meistens dreh ich keine Pornos.«

»Wie hat das denn überhaupt angefangen?«, wollte Dave wissen.

»Du hast den Film gesehen, Mum«, sagte Mark. »Also weißt du ...« Er unterbrach sich. »Scheiße, Mann. Mit euch beiden kann ich da nicht drüber reden. Ich hab die letzten, was weiß ich, zehn Jahre damit verbracht, da nicht mit euch drüber zu reden.«

»Ich hab ihn gesehen«, sagte ich. »Ich hab den Film gesehen, und ich hab ... ich weiß auch, warum sie dich dabeihaben wollten.«

»Okay«, sagte Mark. »Genau. Gut.«

Er verstummte wieder. Wir hatten in unserer

Familie noch nie Probleme zu reden. Meistens reden sogar alle auf einmal, Pausen und Schweigen waren uns von daher neu. Offenbar haben wir jahrelang über die falschen Sachen geredet. Über Lappalien lässt sich leicht reden.

»Becca«, sagte Dave, als hätte Mark den Faden verloren.

»Becca«, sagte Mark. »Als wir zusammen gekommen sind, hat sie mal mit Rachel geredet. Ihrer Mitbewohnerin.«

»Wie geredet?«

»Weiß der Kuckuck. So ein Mädelsgespräch eben. Über mich. Und mein Problem. Was inzwischen auch ihr Problem geworden war, um's mal so zu sagen.«

»Hm.«

»Und Rachel hat die Information weitergegeben. An ihren Freund. Und der hat mich angerufen. Und eins gab das andere. Becca weiß nichts davon.«

»Du hast ihr nie was gesagt?«

»Natürlich nicht. Du kennst doch Becca, Mum. Die hätte da null Verständnis für.«

»Und was ist, wenn sie's rausfindet?«

»Dann muss ich mir 'ne neue Freundin suchen, nehm ich mal an.«

Er mochte Becca, aber ich wusste, dass er nicht ewig mit ihr zusammenbleiben würde, und er wusste das auch. Sie waren schon an dem Punkt, wo das Ganze so behaglich geworden war, dass es Mark unbehaglich wurde, und diese Sache hatte eindeutig was von russischem Roulette. Wenn ihm das Schlussmachen abgenommen wurde, wäre er einfach nur dankbar.

»Moment mal«, sagte Dave. »Zurückspulen. Eins gab das andere.«

»Ja.«

»Aber warum gab eins das andere?«

»Warum?« Mark wiederholte die Frage, als wäre Dave ein Spinner, weil er sie gestellt hatte.

»Ja. Warum?«

Mark zuckte die Schultern. »Um ein bisschen Asche zu machen natürlich ... Und ich war neugierig. Plus, keine Ahnung. Das klingt jetzt wahrscheinlich ziemlich durchgeknallt, aber ich meine ... ich hab sonst nicht groß irgendein, sagen wir mal, Talent, oder? Ich seh da immer diese Leute, also Beckham oder so. Die dürfen sich mit dem, womit sie auf die Welt gekommen sind, dumm und dämlich verdienen. Bis ich Robbie kennengelernt hab, also den Freund von Rachel, hat mein ... mir gar nichts genützt. Und da hab ich mir gesagt, was soll's? Wo liegt der Unterschied zwischen einem ... also, was ich da habe, und der Fähigkeit zum Klavierspielen?«

»Wo der Unterschied liegt?«, sagte Dave. »Du kannst da keinen Unterschied erkennen?«

»Nein«, sagte Mark. »Verrat ihn mir.«

»So ein Riesending zu haben, ist kein Talent, oder? Klavierspielen ist hart. Ich meine, was du da hast, ist ... du weißt schon. Das ist nicht hart. Es macht den Leuten keine Freude.«

Mark und ich starrten den Teppich an. Ich musste das Lachen unterdrücken. Das klang alles wie ein Sketch von Benny Hill. Schließlich ging auch Dave ein Licht auf, aber das machte es nur schlimmer. Es hätte einer dieser Augenblicke im Fernsehen sein können, wo plötzlich alle zusammen loslachen, und das Problem ist plötzlich keins mehr. Nur dass Dave einfach ausrastete.

»Das ist nicht witzig, verdammt noch mal.«

»Es lacht auch keiner«, sagte ich.

»Wolltet ihr aber.«

»Was sollen wir denn sonst machen, außer nicht lachen, wenn du etwas nicht witzig findest?«

»Trotzdem findest du das witzig. Ich find das nicht witzig. Mein Sohn ist ein Pornostar. Was soll daran so witzig sein?«

»Ich bin kein Porno–«

»Scheißegal. Du bist ein Freak, Mark. Ein Freak ist was anderes als ein Talent.«

Dave war wütend, aber das ist keine Entschuldigung, oder? Man kann den eigenen Sohn nicht als Freak bezeichnen und davon ausgehen, dass der sich das einfach so bieten lässt.

»Du weißt, dass das – Dingenskirchen – erblich ist, oder?«, sagte Mark.

Das war Absicht. Ihm muss schon vor Jahren klar geworden sein, dass Dave und er nicht dasselbe Problem hatten, denn sonst hätte er sich schon längst darauf versteift. (Herrgott noch mal ...) Es heißt immer, wenn Männer streiten, geht es unterschwellig immer nur darum, wer den Größten hat. Und hier stritten sich meine beiden Männer, mein Ehemann und mein Sohn, genau darüber – nur dass es kein Streit war. Ich bin wahrscheinlich der einzige Mensch auf der Welt, der beide gesehen hat, und man braucht keinen Zollstock, wenn ich mal so sagen darf. Gegen Dave zu gewinnen war für Mark ein Pappenstiel. (Ist das obszön, »Pappenstiel«? Es klingt obszön, oder? Dabei weiß ich gar nicht, was es bedeutet.)

»Ach ja? Also von mir hast du das nicht. Meiner ist normal. Oder, Lynn?«

»Normal? So nennt man das also?«

Es sollte einfach bloß ein Witz sein, um der Situation die Spannung zu nehmen. An einem normalen Abend hätte das auch niemand in den falschen Hals bekommen, aber es war eben kein normaler Abend, und Dave bekam es in den falschen Hals. Ich hatte gar nicht an die Größe gedacht. Für den Bruchteil einer Sekunde hatte ich einfach vergessen, was hier nicht normal war, und nicht andeuten wollen, Dave hätte einen kleinen. (Hat er nicht. Seiner ist ... na ja, eben normal.) Ich hatte bloß gemeint, er wäre eben nicht, was weiß ich, gebogen oder mit grünen und gelben Flecken übersät oder er könnte reden. Die Sorte nicht normal. Witzig abnormal, nicht anders-als-Marks abnormal. Wenn ich es gründlich durchdacht hätte, hätt ich gar nichts gesagt; wenn ich es gründlich durchdacht hätte, hätt ich nicht morgens um eins im Bett gelegen und mit Dave über eine Affäre diskutiert, die fünfundzwanzig Jahre her war.

»Erinnerst du dich noch an die Sache mit Steve?«

»Nein.«

»Steve. Steve Laird. Du weißt schon.«

»Ach so. Ja.«

Ich tat nicht so, als wäre ich schwer von Kapee, sondern ich hatte den Namen, glaube ich, seit unserer Hochzeit nicht mehr gehört. Der Name fiel in jener Nacht in unserem Bett allerdings auch nicht direkt aus heiterem Himmel. Ich kann's nicht richtig erklären, aber als Dave auf

Steve zu sprechen kam, lag das irgendwie nahe. In jener Nacht war die Luft sexgeschwängert, und es ging nicht um Safer Sex, wenn Sie verstehen, was ich meine – es ging nicht um Daves und meinen behaglichen und genießerischen Sex, über den man gar nicht groß nachdenkt. Der Sex, der hier in der Luft lag, war dunkler, unheimlicher Sex, und es war, als hätte Dave ihn zu dem Einzigen umgeformt, was er zur Hand hatte.

»Ging's damals darum?«, fragte er mich.

»Was?«

»Das.«

»Was das?«

»Du weißt schon.«

»Nein, weiß ich nicht.«

»Das. Normal. Nicht normal.«

»Möchtest du wissen, ob dein Penis zu klein ist? Oder ob Steve einen größeren hatte als du?«

»Halt die Klappe.«

»Okay. Mach ich.«

Ich hörte ihn in der Dunkelheit atmen, und ich wusste, dass die Sache noch nicht gegessen war. Es war nicht mal eine richtige Affäre gewesen. Zum einen waren wir noch gar nicht verheiratet, obwohl Dave und ich schon zusammen wohnten und inoffiziell verlobt waren. Mit Steve hatte ich nur zwei- oder dreimal geschlafen, und das war nicht gerade das Gelbe vom Ei gewesen. Darum ging es auch gar nicht, allerdings weiß ich heute nicht mehr, worum es denn dann ging. Hatte ich das Gefühl, dass ich in eine Tretmühle geraten war? Und ich wusste, dass Dave bei allem gemischte Gefühle hatte und mit einer Arbeitskollegin flirtete, und auch wenn er immer beteuerte, da wäre nie mehr gewesen, war ich mir da nie so sicher ...

»Ja«, sagte er rund fünf Minuten später.

»Ja was?«

»Ja, das möchte ich wissen.«

»Natürlich ging es nicht darum. Du weißt doch, dass es nicht darum ging.«

»Gut.«

»Und die zweite Frage kann ich nicht beantworten. Nicht weil die Antwort dich aufregen würde, sondern weil ich mich nicht erinnern kann. Du weißt doch, dass das keine Rolle spielt, oder?«

»Hm. Zumindest weiß ich, dass du schlecht was anderes sagen kannst.«

»Es stimmt aber. Ich weiß es schlicht und einfach nicht mehr. Es hätte auch keine Rolle gespielt, wenn er größer als du gewesen wäre.«

»Es hätte eine Rolle gespielt, wenn ich eins fünfzig und er eins achtzig groß gewesen wäre.«

»Schon. Aber. Eins fünfzig ist ganz schön klein. So klein bist du nicht gerade, oder?«

»Ach, aber in anderer Beziehung bin ich klein, ja?«

»Deiner ist nicht klein. Herrgott, Dave. Ja, er ist kleiner als der deines Sohns. Aber ich habe Marks gesehen, und glaub mir, so einen möchtest du nicht haben. Und ich möchte auch nicht, dass du so einen hast. Ach, und Steve hatte auch nicht so einen.«

»Eben hast du noch gesagt, du könntest dich nicht erinnern.«

»Und du glaubst, daran würde ich mich nicht erinnern? Menschenskind, wenn er einen wie Mark gehabt hätte, dann hätte ich so einen Traumatherapeuten gebraucht, wie die Leute sie nach Katastrophen immer kriegen.«

»Tut mir leid«, sagte Dave. Ich liebe Dave aus tausend Gründen, und einer davon ist, dass er grundsätzlich weiß, wenn er sich gerade zum Affen gemacht hat. »Aber das war echt ein schräger Abend.«

Ich lachte. »Das kannst du laut sagen.«

»Und was machen wir jetzt?«

»Ich glaube, da können wir gar nichts machen. Das ist sein Leben. Es gibt Schlimmeres.«

»Ja? Was denn?«

»Na, ist doch klar. Drogen. Gewalt. So was.«

»Aber Pornos sind doch wie Drogen. Ich meine, beides bedroht die Gesellschaft«, sagte Dave.

»Sagen wir mal so. Denk mal an all die Nächte, wo wir hier wach gelegen und darauf gewartet haben, dass er endlich nach Hause kommt ... Da hatten wir Angst, er könnte niedergestochen worden sein oder Crack geraucht oder sich besoffen ans Steuer gesetzt haben. Aber hast du dir je die Nacht um die Ohren gehauen, weil du Angst hattest, er könnte einen Porno gedreht haben?«

»Nein. Aber nur, weil ich nie auf die Idee gekommen wäre.«

»Schon klar, aber warum bist du nie auf die Idee gekommen?«

»Keine Ahnung. Weil ich's ihm nie zugetraut hab.«

»Darum geht's nicht. Du bist nie auf die Idee gekommen, weil es ihn nicht umbringt. Wenn es ihn umbringen könnte, wäre ich auf die Idee gekommen, in der Richtung hab ich mir nämlich wegen allem Sorgen gemacht.«

»Was ist mit Aids?«

Ich stand auf, zog meinen Bademantel an und hämmerte an Marks Tür.

»Was ist denn?«

»Was ist mit Aids?«

»Geh ins Bett.«

»Erst wenn ich eine Antwort habe.«

»Wie detailliert hättest du's denn gern? Ich bin doch nicht blöd.«

»Ein paar mehr Einzelheiten dürften es schon sein. Das reicht mir nicht.«

»Verbindlichsten Dank. Es gibt absolut nichts, weswegen ihr euch Sorgen machen müsstet.«

»Nur eins noch«, sagte Dave, als ich mich wieder hingelegt hatte.

»Schieß los.«

»Noch mal wegen Marks, du weißt schon. Seinem Talent.«

»Wenn's sein muss.«

»Wenn das erblich ist ... Dann muss er's von deinem Dad haben.«

Mein Dad ... Herrgott.

Ich wünsche Ihnen, dass Sie nie in diese Lage kommen, aber wenn Ihnen an ein und demselben Tag das Dings von Ihrem Vater und das von Ihrem Sohn vor dem Gesicht herumbaumeln ... Also, Sie können sich vorstellen, dass man sich nicht gerade wünscht, der Tag möge nie vorbeigehen.

Irgendwann bin ich dann aber doch eingeschlafen, denn aus irgendeinem Grund, auf den ich weder eingehen kann noch will, haben Dave und ich in jener Nacht noch miteinander geschlafen, und es war anders als unser sonstiger Sex. Es war eher seine Initiative, aber na ja. Ich hab mitgemacht.

Meine Mum wohnt ein paar Kilometer weit weg bei meiner Schwester Helen in Walthamstow. Das war einfach so passiert: Kurz nach Dads Tod wurde Helen geschieden, und da sie auch keine Kinder hatte, schien es für alle die beste Lösung zu sein – die beste, muss ich gestehen, für Dave und mich. Helen stöhnt mir deswegen ab und zu was vor, damit ich ein schlechtes Gewissen bekomme und so, aber eigentlich kommt ihr die Regelung gerade recht. Es ist nämlich nicht so, dass Mum eine Tattergreisin wäre. Sie ist erst achtundsechzig, ziemlich fit und viel unterwegs – sogar mehr unterwegs als Helen. Helen sagt, dass sie wegen Mum nie jemanden kennenlernen würde, aber das würde wohl nur stimmen, wenn Mum mit den Männern, für die sich Helen interessiert, regelrecht rumknutschen würde.

Ich besuchte sie am Samstagvormittag. Auf dem Weg zur Bushaltestelle stieß ich auf Karen Glenister; sie wollte rein zufällig gerade die Recycling-Tonne rausstellen, als ich vorbeikam. Wer's glaubt, wird selig.

»Und?«, sagte sie.

»Hallo, Karen«, lächelte ich sie strahlend an.

»Hast du's dir angesehen?«

»Ach, das kannte ich doch längst«, sagte ich. »Hat's Carl gefallen?«

Sie sah mich an. »Er hat nicht so sehr auf Mark geachtet.«

»Kann ich mir denken. Dauert bestimmt nicht mehr lange, und er hat eine Freundin.«

»Und? Hat er das von seinem Dad?«

»Hast du dich schon mal gefragt, warum ich immer so fröhlich bin?«, entgegnete ich. Und ging einfach weiter.

Ich wusste noch nicht recht, ob ich versuchen sollte, mit Mum darüber zu sprechen. So ein Gespräch hatten wir noch nie geführt, und ab einem bestimmten Alter hofft man, in dieser Hinsicht davongekommen zu sein, geht Ihnen das nicht auch so? Aber mir kam es wichtig vor. Nachdem Dad gestorben war, machte ich wie so viele Menschen eine Phase der Reue durch, weil ich nicht genug mit ihm geredet hatte; ich liebte ihn, aber anscheinend nahm ich ihm auch vieles übel, ging ihm deswegen aus dem Weg und war sauer auf ihn. Und jetzt wollte ich herausfinden, ob ich über diese Sache besser Bescheid wissen sollte. War das ein Teil von ihm gewesen? Und wenn ja, ein guter oder ein schlechter Teil?

Dad war in seinen letzten Lebensjahren sehr krank gewesen, und ich erinnerte mich vor allem an diesen kranken Dad. Aber als ich das mit dieser anderen Sache herausfand, sah ich ihn langsam in einem anderen Licht. Das soll wohlgemerkt nicht heißen, dass ich ihn plötzlich für einen schrägen Vogel hielt. Nur sah ich ihn mit meinem neuen Wissen plötzlich als gesunden und jungen oder jedenfalls jüngeren Mann vor mir. Das schien mir nur folgerichtig. Denn wenn man so etwas herausfindet ... da stellt man sich doch unwillkürlich die Zeit in seinem Leben vor, wo er damit was anfangen konnte, wenn Sie mir da folgen können, und am Ende konnte der arme Kerl damit eben nicht mehr viel anfangen. Und es half mir, ihn jetzt in diesem ganz anderen Licht zu sehen. Plötzlich fielen mir noch andere Dinge ein: Wie er sich beispielsweise gekleidet hatte, als Helen und ich noch klein gewesen waren – in ähnlichen Hosen wie Mark, obwohl seine Jugend in die Sechziger und Siebziger gefallen sein muss, wo die Männer engere Hosen trugen. Und im Bus an jenem Morgen sah ich plötzlich blitzartig vor mir, wie er meine Mum manchmal angesehen hatte und wie sie seinen Blick erwiderte. Um die Wahrheit zu sagen: Mir kamen da oben im Bus plötzlich die Tränen. Ich war traurig, aber es war nicht nur Traurigkeit. Da spielte noch etwas anderes mit rein – dieses glücklich/traurige, bittersüße Gefühl, das einen manchmal überkommt, wenn man die Babyfotos seiner längst erwachsenen Kinder betrachtet. Ich weiß nicht. Wenn man älter wird, hat man den Eindruck, dass glückliche und traurige Erinnerungen so ziemlich auf dasselbe rauslaufen. Das sind schließlich alles bloß Gefühle, und die können einen alle zum Weinen bringen. Und als ich mir dann ein bisschen die Augen abgetupft hatte, musste ich plötzlich fast lachen. Wer hätte das denn auch gedacht: Karen Glenister steckt mir einen Porno durch den Briefschlitz, und am Ende gehen mir solche Sachen durch den Kopf?

Mum war nicht da, aber Helen.

»Wann kommt sie denn zurück?«

»Sie ist nur Zigaretten holen«, sagte Helen. »Drinnen lass ich sie nicht mehr rauchen, hab ich das erzählt? Sie muss rausgehen.«

»Du bringst sie noch um«, sagte ich. Es war als Witz gemeint, aber Helen springt auf Witze nicht an.

»Natürlich. Ich bring sie um, nicht etwa die Fluppen.«

»Genau. Ironie des Schicksals, was?«

Sie kochte uns Kaffee, und wir setzten uns an den Küchentisch.

»Und? Gibt's was Neues? Ich bin für Tratsch immer zu haben.«

Ich lachte. Ich konnte nicht anders.

»Was ist denn?«

»Ich weiß nicht. Tratsch.«

»Was soll damit sein?«

»Eigentlich kennen die Leute nie welchen, oder? Alle fragen einen ›Gibt's neuen Tratsch?‹, aber wenn man fragen muss, heißt das schon, dass es keinen gibt. Denn wenn es welchen gäbe, würde man ja sofort damit rausplatzen.«

Ich wusste nicht, worauf ich hinauswollte oder was ich ihr alles erzählen wollte.

»Das soll also heißen, du hast nichts zu erzählen.«

»So in etwa.«

Und in dem Augenblick entschied ich, es ihr zu erzählen – als ich gerade gesagt hatte, ich hätte nichts zu erzählen. Eine solche Chance konnte ich mir einfach nicht entgehen lassen. Ich komme mit Helen einigermaßen klar, aber sie kann total etepetete sein, und ich sagte mir, dass sie es früher oder später sowieso herausfinden würde, und dass ich es ewig bereuen würde, es ihr nicht selbst erzählt zu haben, weil ich den besten Augenblick abpassen wollte. Doch der beste Augenblick war der, wo sie es am wenigsten erwartete: Ihren Gesichtsausdruck wollte ich für immer behalten und ihn Dave und vielleicht auch Mark immer wieder beschreiben.

»Mir ist was Komisches passiert«, sagte ich. »Karen Glenister hat mir einen Porno zukommen lassen, und jetzt rate mal, wer da mitspielt.«

Sie schnitt jetzt schon eine fantastische Grimasse, als würde sie von einer unsichtbaren Hand erdrosselt – bekam Glupschaugen und lief rot an. Ich hätte es dabei belassen können, und sie hätte den Rest des Tages tief durchatmen müssen.

»Willst du's wissen?«, fragte ich nach einer Weile, als sie noch immer kein Wort gesagt hatte.

»Sag schon«, sagte sie.

»Mark«, sagte ich. »Unser Mark. Dein Neffe.«

»Wie meinst du das, ›in einem Porno‹?«

»Ja, wie soll ich das wohl meinen? Wie soll ich's denn sonst meinen, wenn nicht so, wie ich's grad gesagt hab? Wenn man sagt, Hugh Grant spielt in *Tatsächlich ... Liebe* mit, was meint man dann wohl?«

»*Tatsächlich ... Liebe* ist aber kein Porno, oder?«

»Und wenn schon?«

»Ich weiß nicht. Wenn du sagst, ein berühmter Schauspieler spielt in einem Film mit, will das noch nicht viel heißen, oder? Ich meine, da gibt es nicht viel zu verstehen. Aber wenn du sagst, mein Neffe ist in einem Porno ... im ersten Moment hab ich gedacht, ich steh irgendwo auf dem Schlauch. Dass das ein Slangbegriff ist, den ich nicht kenne.«

Ich wollte sie auslachen, aber es gab nichts zu lachen, denn ich wusste, was sie meinte. Ungefähr so hatte ich mich ja gefühlt, als ich das Videocover gesehen hatte: Dass an dem Foto irgendwas war, dessen Sprache ich nicht verstand oder das sich nicht an meine Altersgruppe richtete. Genauso fühl ich mich manchmal, wenn Mark diese Comedy-Sendung sieht, wo ein als Frau verkleideter Mann sagt »Ja, aber, nein, aber ...«, und er sich nicht wieder einkriegt vor Lachen.

Wenn ich jetzt drüber nachdenke, ist die Sache mit Mark tatsächlich wie eine Folge von *Little Britain*, weil ich nicht weiß, was ich daran komisch finden soll.

»Nein«, sagte ich. »Das mein ich ja grade. Mark spielt in einem Porno mit, wie Hugh Grant in *Tatsächlich ... Liebe* mitgespielt hat. Wie sich zeigt, hat er einen Riesenpenis und ... und ...«

Helen starrte mich an, traute ihren Ohren nicht und versuchte, das zu verstehen.

»Wahrscheinlich wusste er nicht, was er damit anfangen sollte«, sagte sie. »Wahrscheinlich *gibt* es nicht viel, was man damit anfangen kann, wenn man's sich überlegt.«

»Man könnte ihn einfach in der Hose lassen«, meinte ich.

»Ja, gut. Das hat was für sich. – Du wolltest das doch nicht etwa Mum erzählen?«

»Weiß ich nicht. Ich weiß, ehrlich gesagt, nicht genau, warum ich gekommen bin. Nur könnte diese Penissache erblich sein, und Dave hat keinen. Ich meine, er hat einen normalen.«

»Also Mom hat auch ... O mein Gott! Du meinst Dad?«

»Ja.«

»Aber er hatte ... er kann keinen gehabt haben.«

»Warum nicht? Ich weiß es nicht. Du etwa?«

»Nein. Du lieber Gott. Natürlich nicht. Nein. Um Gottes willen. Und jetzt willst du sie einfach so fragen?«

»Weiß ich nicht. Mal sehen, wie ich mich fühle, wenn sie kommt.«

Mum kam ins Haus, setzte sich, riss das Zellophan vom Zigarettenpäckchen und erinnerte sich dann seufzend und murrend, dass sie ja rausgehen musste.

»Ich komm mit raus«, sagte ich.

»Du kannst hier drinnen rauchen«, sagte Helen.

»Seit wann denn das?«

»Lynn kommt so selten her. Ich hab keine Lust, sie nur durchs Fenster zu sehen.«

Aber sie hatte bloß Angst, was zu verpassen, das sah man ihr an. Sie holte eine Untertasse vom Abtropfbrett und stellte sie als Aschenbecher auf den Tisch.

»Hat Dad je geraucht?«, fragte ich Mum. So als Auftakt. Vielleicht hatte er ja eine postkoitale Fluppe gemocht, und von da aus war es nur noch ein kurzer Schritt zu der Frage, ob ...

»Nein«, sagte sie.

»Nie?«

»Ob nie, weiß ich nicht. Aber mit mir zusammen hat er nie geraucht. Und er hasste es, wenn ich geraucht hab. Hat mir immer die Hölle heiß gemacht, ich sollte aufhören. Hätt ich ja auch gerne. Für ihn, mein ich. Er hat wirklich nie viel verlangt, aber nicht mal das hab ich ihm gegönnt.«

Angewidert drückte sie ihre halb gerauchte Zigarette aus, als wollte sie jetzt, vier Jahre zu spät, damit aufhören.

»Er hat doch nur gestichelt, weil er sich Sorgen um dich gemacht hat«, meinte ich. »Rein zufälligerweise brauchte er sich keine Sorgen zu machen. Du bist noch bei uns und quarzt immer noch munter drauflos.«

Aber sie ließ sich nicht durch Witze ablenken – ihre Augen schimmerten, und wir hatten unsere liebe Not, sie aus dem schrecklichen, dunklen und tiefen Loch zu ziehen, in das sie nach Dads Tod gestürzt war. Wie hatte ich sie bloß wieder hineinschubsen können? Ich wechselte das Thema, und schließlich unterhielten wir uns über Dinge, die keine von uns aufregen konnten: Warum Mum nicht zum muslimischen Schlachter ging, ob *Big Brother* ein Schwindel war (Helen sieht das so) und über die Familie, also auch über Mark. Ich meinte, er stehe seinen Mann, und Helen sah mich an, und ich dachte, sie müsste kichern. Aber »seinen Mann stehen« ist doch nicht obszön, oder? Wo ist denn da eine Doppeldeutigkeit?

Als Baby hatte Mark am Morgen des 5. Juni 1984 ungefähr zwei Stunden lang einen Bruder. Wir nannten ihn Nicky, er kam mit einem Herzfehler auf die Welt und starb im Brutkasten, ohne je richtig gelebt zu haben. Ich hab das natürlich längst verarbeitet; ich hatte das schon nach ein paar Jahren verarbeitet. Aber ich musste an das Baby denken, als ich sah, wie Mum mit der Erinnerung an meinen Dad zu knapsen hatte – nicht nur wegen der Trauer, sondern auch weil ich sah, wie viel Glück ich gehabt hatte. Ich bin neunundvierzig, und diese beiden Tode, von Nicky und meinem Dad, waren die schlimmste Zeit meines Lebens; damit ist einfach nichts zu vergleichen. Was sollte da auch rankommen? Dave hat sich mal bei einem Autounfall den Arm gebrochen, Mark hatte als kleiner Junge eine Lungenentzündung, beides machte mir kurze Zeit Angst, war aber nicht niederschmetternd. Und Marks »Filmkarriere« spielte längst keine solche Rolle wie eines jener beiden besorgniserregenden Ereignisse. Ich bin immer wieder enttäuscht worden – wer wäre das nicht? –, aber so langsam war ich mir nicht mal mehr sicher, ob Marks Karriere überhaupt eine Enttäuschung war. Sie hatte, wie gesagt, sogar ihre komischen Seiten, und wenn etwas grundsätzlich auch komisch sein kann ... dann gehört es schon mal in eine ganz andere Kategorie. Wenn etwas bei Licht betrachtet auch komisch sein kann, dann sollte man es halt bei Licht betrachten.

Auf der Fahrt nach Hause ließ ich mir im Bus durch den Kopf gehen, was alles passiert war, seit ich herausgefunden hatte, dass Mark in einem Pornovideo mitgespielt hatte, und merkte, dass alles gut war. Das Gespräch mit Dave über Steve Laird hatte seine Tücken gehabt, war dann aber in großartigen Sex gemündet. Ich hatte es genossen, Karen Glenister gegenüber kiebig zu werden, und im Bus auf der Fahrt zu Mum hatte ich zwar eine kleine Flennattacke gehabt, doch sogar die lag nur daran, dass ich trübselige Erinnerungen für glückliche eingetauscht hatte. Mit der Zugabe einer netten Tasse Kaffee mit Mum und Helen (zu der es nie gekommen wäre, wenn ich nicht aus ureigensten Gründen hätte herausfinden wollen, wie groß das Ding meines Vaters war) kann ich ehrlich nur sagen, dass das Ganze eine Erfahrung war, die ich jedem nur empfehlen kann. Kann das stimmen?

Mark machte sich gerade Mittagessen, als ich nach Hause kam, und briet sich allem Anschein nach mindestens ein halbes Pfund Speck.

»Junge, Junge«, sagte ich. »Da ist ja einer am Verhungern.«

Er sah mich an.

»Ja. Bin ich. Aber nicht, weil ich irgendwas getan hätte, falls du das meinst.«

»Nein, das hab ich nicht gemeint. Reg dich ab. Nicht alles, was ich sage, dreht sich nur darum.«

»'tschuldigung.«

Ich sah zu, wie er beim Speckwenden eine Sauerei veranstaltete, und nahm ihm den Pfannenwender aus Holz weg.

»Sind die Mädchen in den Filmen schlimm dran?«

»Wie meinst du das?«

»Na ja, nehmen die Drogen, gehen die auf den Strich oder so was?«

»Nein. Die, die ich ... Die, die du gesehen hast, Vicky, hat in einem Reisebüro gearbeitet. Die hatte ihre Brüste irgendwann genauso satt, wie ich ... mich satt hatte. Ein paar wollen mal oben ohne modeln, aber damit hat es sich so ziemlich. Rachels Freund dreht einfach gern Filme. Er hält sich für den nächsten Steven Spielberg, aber näher kommt er an den momentan nicht ran.«

»Was er macht, ist Schund«, sagte ich. »Dagegen sehen die *Carry On*-Filme aus wie *Der mit dem Wolf* tanzt oder so.«

»Er ist fürchterlich«, sagte Mark. »Ich will nicht aufhören, Mum.«

»Ach. Und wieso nicht?«

»Für mich ändert sich nichts, auch wenn du und Dad Bescheid wisst. Es ging mir nicht darum, mit einem blauen Auge davonzukommen.«

»Und wie lange willst du noch weitermachen?«

»Keine Ahnung. Bis ich allein klarkomm, nehm ich mal an.«

»Eins musst du mir versprechen.«

Bis ich es aussprach, wusste ich nicht, was ich von ihm wollte, aber als ich es sagte, klang es richtig.

»Hör auf, wenn was Schlimmes passiert.«

»Was soll das denn heißen?«

»Du weißt schon. Wenn, was weiß ich ... wenn deine Oma stirbt. Oder wenn dein Dad und ich uns scheiden lassen. Dann hörst du auf.«

»Warum sagst du das?«

»Weiß ich nicht. Mir war grad danach.«

»Aber müsste das nicht andersrum laufen? Ich meine ... wenn was Schlimmes passiert, merkst du das doch gar nicht.«

»Nein. Denn ich weiß ja, dass es da ist, und darum geht's. Ich will nicht daran denken müssen, dass es da ist, wenn ich mich anders fühle als jetzt.«

»Und wie fühlst du dich jetzt?«

»Ganz okay. Darum geht's ja.«

Er zuckte die Schultern. »Na gut. Versprochen. Außer du weißt jetzt schon hundertprozentig, dass ihr euch nächste Woche scheiden lasst.«

»Nein, momentan läuft's prima.«

Wir gaben uns die Hand. »Abgemacht«, sagte er, und damit hatte sich die Sache.

Am selben Abend gingen wir vor dem Essen auf ein Bier ins Crown. Das hatten wir oft gemacht, als Mark noch ein Teenager war, und es war für uns alle neu gewesen, aber dann hatte Mark andere Aktivitäten entdeckt, und wir hatten aufgehört. Es war keine große Sache, dass wir beispielsweise beschlossen hätten, jetzt unbedingt auf Familie zu machen, um uns wieder nahezukommen; es ergab sich einfach so. Dave sagte, er hätte Lust auf einen Drink, und Mark und mir ging es genauso. Aber ich war froh, dass der Film uns irgendwie in die Vergangenheit zurück- und nicht in die Zukunft vorversetzt hatte – und dass wir plötzlich wieder etwas machten, das wir früher immer gemacht hatten. Es hätte auch anders kommen können.

Und dann hatte ich einen seltsamen Augenblick. Zugegeben, ich hatte auf leeren Magen ein Bier getrunken, aber als Dave neue Drinks holte und Mark am Spielautomaten zugange war, hatte ich das Gefühl, ich würde über uns schweben und uns drei an den verschiedenen Stellen im Pub sehen, alle offenbar fröhlich, und mir ging der Gedanke durch den Kopf, hiermit hätte ich mich seit Nickys Tod an jedem einzelnen Tag meines Lebens zufriedengegeben. Vor der Ehe hätte ich mich nicht damit begnügt, aber da weiß man das ja schließlich nicht, oder? Man weiß nicht, wie viel Angst man haben wird und wie viele Kompromisse man eingehen muss; man weiß nicht, dass man alles, was äußerlich okay scheint, auch innerlich okay finden kann. Man weiß nicht, dass es so rum funktionieren muss.

# SMALL COUNTRY

Ich war sechs oder sieben, als ich herausfand, wie klein unser Land ist. Ich war in meiner Klasse der Letzte, der es erfuhr. Die Lehrerin pinnte eine große Europakarte an die Wand und zeigte uns unsere Nachbarländer – Frankreich, die Schweiz, Italien. Und ich meldete mich und fragte: »Wo sind wir? Wo auf der Karte ist Champina?« Und alle, sogar die Lehrerin, lachten mich aus.

»Du kannst Champina nicht auf der Karte sehen, Stefan«, sagte sie.

»Wieso nicht?«

»Weil wir zu klein sind.«

»Aber wir müssen da doch irgendwo sein.«

»Natürlich sind wir da. Aber du kannst uns nicht sehen«, sagte die Lehrerin.

»Wie kann man denn ein ganzes Land auf einer Karte nicht sehen?«, fragte ich sie.

Ich spürte, dass ich rote Ohren bekam. Die anderen Kinder wussten mehr als ich, das merkte ich.

»Weißt du, warum wir Champina genannt werden?«, fragte mich die Lehrerin.

Ich zuckte die Schultern. »Nein. Ich dachte immer, das läge daran, dass wir von irgendwas die Champions sind.«

Wieder lachten die anderen Kinder.

»Und wovon sollten wir die Champions sein?«, fragte die Lehrerin. »Nein. *Champ* ist das französische Wort für ›Feld‹. Wir heißen Champina, weil unser ganzes Land nur so groß wie ein Feld ist. Champina *war* sogar mal ein Feld, bis darauf das Dorf erbaut wurde.«

»Soll das heißen, wir sind das einzige Dorf im Land?« Ich konnte es nicht fassen. Unser Dorf ist winzig.

»Auf der anderen Seite vom Fluss liegt Frankreich. Am Zaun hinter dem Dorfladen fängt Italien an. Und Monsieur Petits Garten liegt halb in Champina und halb in der Schweiz«, sagte die Lehrerin.

In weniger als einer Minute konnte man unser Land durchwandern. Wenn man wollte, konnte man dabei die Luft anhalten. Man konnte sogar einen Stein darüber hinweg werfen, wenn man hoch genug zielte und nicht Monsieur Petits Schlafzimmerfenster traf.

»Warum hast du mir nie gesagt, dass wir im kleinsten Land der Welt leben?«, fragte ich meine Mum, als ich nach Hause kam.

»Ich dachte, das wüsstest du«, sagte sie.

»Woher hätte ich das wissen sollen?«, fragte ich. »Wenn mir keiner was sagt?«

»Was macht das denn schon aus?«, fragte sie.

»Ich kenne jeden, der in unserem Land lebt«, sagte ich. »In Champina wohnt niemand, den ich nicht kenne.«

»Ist doch schön, oder?«, meinte meine Mutter. »Es ist doch schön, in einem Land zu leben, in dem es keine Fremden gibt.«

Da war ich mir nicht so sicher. Ich stellte mir vor, wie langweilig es werden könnte, immer dieselben Gesichter zu sehen, wenn ich mein ganzes Leben in diesem Land verbringen würde.

»Aber haben Länder denn nicht Präsidenten und Premierminister und so?«

»Doch, natürlich«, sagte meine Mutter. »Das ist bei uns genauso.«

»Okay. Und wer ist der Präsident von Champina?«

»Das bin ich«, sagte sie.

Ich sah sie an, weil ich dachte, sie verkohlt mich, aber sie meinte das ernst.

»Du bist Präsidentin von Champina? Du?«

»Ja«, sagte sie. »Ich dachte, auch das wüsstest du.«

»Aber du ... du tust doch gar nichts. Du schmierst uns bloß Sandwiches und machst die Wäsche.«

»Einmal im Monat hab ich eine Sitzung in Monsieur Grimandis Bar«, sagte sie.

Von den Sitzungen wusste ich. Die haben sie immer noch. Alle Erwachsenen aus dem Dorf reden über den Müll und Zaunreparaturen, damit die Kühe nicht auf die Straße laufen.

»Aber was ist mit salutierenden Soldaten?«, wollte ich wissen. Sie dürfen nicht vergessen, dass ich noch klein war.

»Wir haben keine Soldaten«, sagte sie.

»Und was ist, wenn Leute ins Gefängnis kommen?«

»Wir haben kein Gefängnis«, sagte sie.

Und so ging das noch eine Weile weiter, bis ich verstanden hatte, dass Champina in Wirklichkeit nicht so ein Land wie Italien, Frankreich oder Amerika ist. Es hat keine eigenen Briefmarken, kein Geld, kein Fernsehen, kein Gefängnis, keine Soldaten und auch keine Luftwaffe oder Marine. Jeder könnte morgen bei uns einmarschieren, wenn er Lust hätte, aber keiner hat Lust. Es hätte keinen Sinn. Große Länder haben keinen Bedarf an einem zusätzlichen Feld, einem Laden und einem Café.

Aber obwohl wir die meisten Sachen nicht hatten, die normale Länder haben, hatten wir doch unsere eigene Fußballmannschaft.

Mein Vater hatte sich wegen Fußball das Bein gebrochen. Aber nicht beim Spiel. Er hatte sich im Fernsehen gerade ein Spiel angesehen, als der Apparat plötzlich anfing zu flackern, dann Rauch aufstieg und der Bildschirm dunkel wurde. Ich hatte nicht zugesehen. Ich lag auf dem Sofa und las. Ich hasse Sport und am meisten Fußball, weil die Leute über Fußball immer am meisten reden.

Er war wütend, dass der Fernseher kaputt war. Er stand auf und trat seinen Stuhl um.

»Was ist denn mit dem alten?«, fragte meine Mutter. »Dem kleinen? Mit dem war doch noch alles in Ordnung.«

Sie war sauer gewesen, als mein Vater den neuen Fernsehapparat gekauft hatte. Sie hatte gesagt, wir bräuchten keinen großen Fernseher, aber das liegt daran, dass sie nur Sendungen sieht, wo die Leute reden. Sie guckt keinen Sport. Wenn man einen Tennisball oder einen

Fußball sehen will, taugt ein kleiner Fernseher nichts.

»Wo ist der denn?«, fragte mein Vater grummelig.

»Auf dem Dachboden«, sagte sie.

Er war in Eile, weil er den Rest vom Spiel nicht verpassen wollte. Er holte die Leiter, stieg zum Dachboden hoch, und als er das Gerät runterwuchten wollte, stürzte er. Wir alle hörten es knacken und wussten sofort, dass er sich was gebrochen hatte.

Als er drei Tage später auf Krücken zum Frühstück in die Küche gehumpelt kam, sagte er zu mir: »Du weißt, was das heißt, oder?« Und ich tat so, als hätte ich keine Ahnung, dabei wusste ich Bescheid. Daran hatte ich als Allererstes gedacht, als er gestürzt war. Aber das konnte ich ihm schlecht sagen, er wäre bloß böse auf mich geworden.

»Nein, was denn?«, fragte ich ihn.

»Das heißt, dass du spielen musst«, sagte er.

Ich sagte nichts.

»Du musst«, sagte er wieder.

»Muss ich nicht«, sagte ich. »Dafür gibt es kein Gesetz.«

Meinen Dad mitgezählt, gibt es in Champina genau elf Männer und Jungen, die ein Fußballfeld auf und ab rennen können, und die spielen alle in der Nationalmannschaft. Niemand hat sich je geweigert, obwohl es eine einzige Qual ist. Wir sollten gegen andere Dörfer spielen, aber weil wir ein Land sind, spielen wir gegen andere Länder. Keine großen Länder – wir spielen gegen San Marino, den Vatikan und so – aber alle diese Länder haben mehr als elf Spieler, unter denen sie wählen können, und wir werden immer vernichtend geschlagen. San Marino beispielsweise verliert gegen Italien oder Frankreich in der Regel mit neun oder zehn Toren Rückstand, aber wenn das Land gegen Champina antritt, gewinnt es 30:0.

Das scheint aber niemanden zu kümmern. Manche Leute in Champina – nicht die tatsächlichen Fußballspieler, aber einige der älteren – mögen das sogar. Wir bekommen dadurch etwas Aufmerksamkeit, denn ein paarmal im Jahr schaut sich ein ausländischer Sportreporter ein Spiel unserer Mannschaft an und schreibt dann einen komischen Artikel darüber, wie schlecht wir sind. Wenn so ein Artikel erscheint, kommt immer der gleiche Witz: »Endlich sind wir kein unbeschriebenes Blatt mehr«, heißt es unweigerlich. Aber auf der Landkarte erscheinen wir deshalb noch lange nicht.

In Wahrheit haben aber auch Leute, die gern

Fußball spielen, die Schnauze voll davon, für Champina zu spielen. Es macht einfach keinen Spaß, jedes Mal geschlagen zu werden. Nach dem letzten Spiel beklagte sich mein Vater, er hätte gar keinen Ballkontakt gehabt. Im gesamten Spiel kein einziges Mal. Er sagte, das andere Team hätte den Ball einfach für sich behalten, und seine Mannschaftskollegen und er hätten nichts dagegen tun können.

Ich war noch nie gebeten worden mitzuspielen, weil ich zu jung und sowieso kein guter Sportler war. Und ja, zugegeben – ich war ein bisschen dick. Nicht fett, einfach ... rundlich, könnte man wahrscheinlich sagen. Ich las viel und spielte viel Schach, raste aber nicht wie ein Besessener durch die Gegend, wie das die anderen Kinder bei uns gern machen. Aber inzwischen war ich vierzehn und wusste, wenn einem Spieler etwas zustieß, war ich an der Reihe. Und jetzt war jemandem etwas zugestoßen – und zwar ausgerechnet meinem Vater.

»Wie viele Jugendliche in deinem Alter können von sich behaupten, für die Nationalmannschaft ihres Landes spielen zu dürfen?«, fragte mein Dad.

»Damit kann man nicht gerade angeben, oder?«, sagte ich. »Du fragst mich ja bloß, weil sonst niemand infrage kommt. Wenn es in ganz

Champina auch nur einen Jungen oder Mann gäbe, der vom Alter her geeignet wäre, würdest du nicht mich fragen.«

»Alle spielen«, sagte Dad. »Keiner hat sich je geweigert. Es ist deine Pflicht, Stefan. Deine Pflicht als Bürger von Champina.«

»Muss eine Fußballmanschaft unbedingt elf Spieler haben?«, fragte ich ihn. »Ich meine, ist das immer so?«

Dad verdrehte die Augen und sah an die Decke.

»Gott sei uns gnädig«, sagte er. »Ja.«

»Kann man nicht auch mit zehn spielen? Nur ein paar Monate lang? Ich bin doch sowieso keine Hilfe. Und dein Bein ist bestimmt bald wieder heil.«

»Ich kann nicht mehr spielen«, sagte er. »Ich bin vierundvierzig. Ich bin jetzt schon zu alt. Und es dauert bestimmt ein Jahr, bevor ich wieder anständig laufen kann.«

»Ich kann das nicht, Dad«, sagte ich. »Ich mach mich da doch bloß zum Horst.«

»Aber wenn du nicht mitspielst, darf keiner spielen«, sagte er. »Es gibt entsprechende Vorschriften. Außerdem – wie stehen wir denn dann da? Wir wären das einzige Land, das nicht genug Spieler für eine Fußballmannschaft zusammenbringt.«

»Wir sind schon das Land, das nicht genug Spieler für eine Fußballmannschaft zusammenbringt. Ich bin kein Spieler.«

»Spiel mir zuliebe«, sagte er. »Dann kann ich stolz auf dich sein.«

»Genau darum geht es«, sagte ich. »Wenn ich mitspiele, würdest du dich bloß für mich schämen.«

Und dann ging ich in mein Zimmer, schloss die Tür und las ein Buch.

Ein paar Tage später sah ich gerade fern, als es an der Tür klopfte. Mum und Dad waren im Café bei einer ihrer Sitzungen, aber in Champina kann man seine Kinder ohne Babysitter zu Hause lassen, und man kann auch ruhig an die Tür gehen. Man kennt den draußen Stehenden in jedem Fall.

Es war Monsieur Grimandi.

»Die Präsidentin wünscht dich zu sehen«, sagte er.

Meine Mum war immer noch Präsidentin. Sonst wollte den Job keiner haben, also wurde sie weiterhin gewählt. Anscheinend gab es keine Regeln, wie lange jemand Präsidentin bleiben konnte.

Ich lachte. »Die Präsidentin seh ich doch später«, sagte ich.

»Mach dich ruhig lustig«, sagte er. »Sie möchte, dass du ins Café kommst. Jetzt.«

»Sie hätte mich sprechen können, bevor sie gegangen ist. Und sie kann mich sprechen, wenn sie nach Hause kommt.«

»Dann ist sie deine Mutter«, sagte Grimandi. »Dies ist eine Präsidentschaftsangelegenheit, keine Familiensache.«

»Und wenn ich mich weigere?«

»Dann muss ich dich unter Zwang vorführen. Die Präsidentin hat mir die entsprechende Vollmacht erteilt. Sie hat sich schon gedacht, dass du unkooperativ sein könntest.«

Ich wollte von Monsieur Grimandi nicht ins Café geschleift werden, also zog ich mir die Schuhe an.

Alle Erwachsenen hatten sich im Café versammelt. Meine Mutter saß allein in der Mitte des Raums wie früher die Erzieherin, wenn sie uns im Kindergarten eine Geschichte vorlas, und alle anderen hatten sich um sie herumgruppiert.

»Ah«, sagte sie. »Stefan. Setz dich.«

Jemand holte mir einen Stuhl und stellte ihn in den Kreis, sodass alle meine Unterhaltung mit meiner Mutter verfolgen konnten.

»Das ist voll albern«, sagte ich.

Man hörte ein »Ts-ts-ts«, wahrscheinlich weil

ich mich der Präsidentin gegenüber im Ton vergriffen hatte.

»Die letzte Bemerkung will ich überhört haben«, sagte sie.

»Stimmt es, dass du Monsieur Grimandi die Vollmacht erteilt hast, mich notfalls mit Gewalt herzubringen?«, wollte ich wissen.

»Ich wusste, dass das nicht nötig sein würde«, sagte sie. »Du bist ein vernünftiger Junge.«

Ich sah sie an. Ich wollte mich nicht vor allen Leuten mit ihr streiten, aber vergessen würde ich ihr das nicht.

»Du weißt, warum wir dich hergebeten haben?«, fragte sie.

»Ich wurde nicht hergebeten, ich wurde herbeordert.«

»Auch das will ich überhört haben«, sagte sie. »Weißt du, warum du hier bist?«

»Ich nehme an, es geht um Fußball«, sagte ich.

»Und damit liegst du richtig«, sagte meine Mutter, die Präsidentin. »Es geht um Fußball. Dir ist die Ehre zuteilgeworden, dein Land repräsentieren zu dürfen, und du hast abgelehnt. Ist das richtig?«

»Das ist richtig.«

»Und dir ist bekannt, dass niemand spielen kann, wenn du nicht spielst?«

»Das nehm ich mal an.«

»Und du hast es dir nicht anders überlegt?«

»Nein. Ich hasse Fußball, und auf dem Spielfeld bin ich die totale Niete. Wie du weißt«, sagte ich.

Ich merkte, dass mein einer Schnürsenkel aufgegangen war, und ließ mir viel Zeit, ihn wieder zuzubinden.

»Manchmal müssen wir Dinge tun, die wir nicht tun wollen«, sagte meine Mutter. »Im Krieg müssen junge Männer ins Feld ziehen, auch wenn sie nicht wollen.«

»Wir sind nicht im Krieg«, stellte ich klar. »Es geht um ein blödes Fußballspiel, und Fußball nervt.«

»Gut«, sagte meine Mutter. »Das genügt. Würdest du bitte einen Augenblick draußen warten, Stefan? Der Rat zieht sich zur Beratung zurück.«

Ich starrte sie an, merkte, dass sie es ernst meinte, und verließ das Café. Sie schlossen hinter mir die Tür, damit ich nichts mitbekam.

Als ich wieder hineingelassen wurde, sah ich, dass meine Mutter eine todernste Miene aufgesetzt hatte, und einen Augenblick lang hätte ich sie glatt für eine Präsidentin gehalten.

»Stefan«, sagte sie. »Wir respektieren deine Entscheidung, nicht in unserer Nationalmannschaft anzutreten. Du musst indes verstehen, dass das Leben in einem kleinen Land ... Nun, als Bürger von Champina genießt du viele Dinge, die du wahrscheinlich als selbstverständlich ansiehst. Du besuchst die Schule. Du sitzt in diesem Café. Du kaufst dir im Laden Süßigkeiten und Kekse. Du benutzt unsere Straßen und Wege. Diese Rechte werden dir hiermit entzogen.«

Einen Moment lang dachte ich, ich hätte mich verhört.

»Soll das heißen, ich kann nicht mehr zur Schule gehen?«

»Ja.«

Man könnte meinen, das wäre kein Problem, aber das war es. In der Schule lag beispielsweise die einzige Bücherei, und wenn ich keine Bücher mehr ausleihen konnte, würde ich durchdrehen.

»Ihr wollt mich doch verarschen.«

»Nein.«

»Ihr lasst mich nicht mehr auf der Straße gehen?«

»Nein.«

Am Straßenrand konnte man nicht entlanggehen, oder zumindest nicht von unserem Haus zur Dorfmitte. Auf beiden Seiten standen alte Steinmauern, und hinter den Mauern lagen Privatgärten. Und wenn ich nicht mehr in die

Schule, ins Café oder in den Laden durfte, konnte ich sowieso nirgends mehr hingehen. Ich war gerade zu einer Gefängnisstrafe verurteilt worden. Ich würde den Rest meines Lebens zu Hause hocken.

»Es tut mir leid, wenn sich das lieblos oder unfair anhört«, sagte meine Mutter. »Aber wenn man in einem kleinen Land lebt, muss man Verantwortung übernehmen. Wofür oder wogegen man sich entscheidet, ist von weit größerer Tragweite als in einem größeren Land. Unserer Ansicht nach sollte niemand nehmen, ohne auch zu geben.«

Mein zweiter Schnürsenkel hatte sich gelöst. Ich knotete ihn wieder zusammen.

»Okay«, sagte ich. »Ich bin dabei. Ich werde spielen. Aber nur, weil ich keine andere Wahl habe.«

Den Zusatz hörten sie aber schon nicht mehr, weil alle klatschten.

Trainieren musste ich nicht. Ich weigerte mich, und das war das Einzige, was sie mir durchgehen ließen. Der Rest der Mannschaft traf sich immer am Dienstagabend – im Sommer draußen auf dem Fußballplatz, im Winter in der Turnhalle der Schule, wenn es schon dunkel war. Aber erst liefen sie immer ein paar Kilometer, ob Sommer oder Winter. Meistens liefen sie den Hügel hoch in die Schweiz. (Wir können in unserem Land nicht mal joggen gehen, weil es so klein ist. Oder man müsste immerzu ums Feld herum im Kreis rennen.) Ich weiß, es wäre besser gewesen, wenn ich zum Training gegangen wäre. Ich hatte keinen Ball mehr getreten, seit ich ungefähr drei gewesen war, und der Fitteste war ich sowieso nicht. Aber ich wollte keinen Gedanken an Fußball verschwenden, bevor ich nicht zum ersten blöden Spiel antreten musste.

Wenn du zum ersten Mal in einer Mannschaft spielst, nennt man das dein »Debüt«. Mein Debüt fand gegen San Marino statt, was man sich ja hätte denken können. Champina spielte kaum je gegen eine andere Mannschaft. Das letzte Spiel gegen sie hatten wir 28:0 verloren, aber die allgemeine Einschätzung war, dass es diesmal noch schlechter kommen könne. Niemand sagte, das läge an mir, aber ich spürte, dass alle das dachten.

Es war ein Heimspiel, also zogen wir uns daheim um. Die Spieler von San Marino zogen sich in den Cafétoiletten um. Mein Vater gab mir sein rot-weiß gestreiftes Trikot, und ich fand weiße Shorts. Richtige Fußballschuhe hatte ich nicht, also zog ich normale Turnschuhe an. Dann streifte ich meine Jeansjacke über und ging mit Dad zum Sportplatz.

»Vielleicht macht es dir ja Spaß«, sagte er. Ich lachte.

»Du musst nicht zusehen«, meinte ich. »Es sieht nach Regen aus. Warum bleibst du nicht einfach zu Hause?«

»Alle sehen zu«, sagte er. »Das ganze Dorf. Das ganze Land.«

»Ich habe noch nie zugesehen«, sagte ich.

»Stimmt«, sagte er. »Aber da bist du der Einzige.«

Da bekam ich Gewissensbisse. Ich hatte Gewissensbisse, weil ich nicht wusste, dass alle anderen unserer Mannschaft immer die Treue halten, und ich war zerknirscht, weil ich mich nie dazu durchgerungen hatte. Es hätte mich nicht umgebracht, ab und zu etwas zu machen, was alle anderen auch machen. Ich konnte mich nicht mal erinnern, ob Mum und Dad mich je gefragt hatten mitzukommen, und auch deswegen fühlte ich mich schlecht. Sie müssen sich immer gesagt haben, das wäre die Mühe nicht wert.

Als wir zum Fußballplatz kamen, klopfte mein Vater mir auf die Schulter und wünschte mir Glück, und dann stand ich mit meinen Mannschaftskameraden mitten auf dem Platz. Ich war der jüngste Spieler, und Monsieur Grimandi, der ein bisschen jünger ist als Dad, war der älteste. Der Einzige, der wirklich wie ein Fußballspieler aussah, war Monsieur Blanc, der in einem Fitness-Center in Italien arbeitete. Er war groß und schlank, und er schaffte diese Sache mit dem Ball, wo man aufpasst, dass er nicht den Boden berührt. Er war unser Mannschaftskapitän.

»Stefan«, sagte er. »Willkommen.« Er gab mir die Hand. »Du spielst im Mittelfeld. Rechtsaußen.«

Ich verstand kein Wort und starrte ihn mit offenem Mund an.

»Du kannst links und rechts unterscheiden, oder?«

»Ja, natürlich.«

»Na also. Du stehst auf der rechten Spielfeldseite. Siehst du Michel da drüben?« Er zeigte auf Monsieur Flamini, der Maler und Gärtner ist. »Er ist der rechte Verteidiger. Stell dich ungefähr zwanzig Meter vor ihm auf und versuch, ihm zu helfen, wenn er Hilfe braucht.«

Ich nickte, verstand aber nicht, was er meinte. Was für Hilfe sollte der denn brauchen? Ich hatte aber das Gefühl, dass es keine gute Idee war, noch mehr Fragen zu stellen, und außerdem sollte das Spiel sowieso gleich anfangen. Ich wusste, dass ich die Lachnummer der Nation abgeben würde, und ich wusste, dass wir das Spiel verlieren würden, aber trotzdem war ich nervös.

Das erste Tor kassierten wir nach ungefähr einer Minute. Es war nicht mein Fehler, denn alles geschah drüben auf der anderen Seite. Der große Typ, der in der Mitte ihrer Verteidigung spielte, wanderte irgendwie mit dem Ball nach vorn und gab ihn an einen anderen Mann ab, der ganz am Rand des Spielfelds stand, in der Nähe von meinem Dad und der restlichen Bevölkerung. Und dieser Randmann rannte mit dem Ball dann blitzschnell auf unser Tor zu, und Monsieur Grimandi, unser Torhüter, lief ihm entgegen. Der Randmann passte den Ball an ihm vorbei, und ein Dritter, ein kleiner Mann, der anscheinend nur zum Toreschießen da war, trat den Ball in ein leeres Tor.

Ungefähr drei Minuten später wiederholte sich das. Großer Mann an Randmann an kleinen Torschießer ... Tor. Und dann wieder und dann noch mal. San Marino schoss in der ersten Halbzeit dreizehn Tore, und neun Treffer wurden auf diese Weise erzielt. Zehn, wenn man den Elfmeter mitzählte, weil Grimandi den Randmann umgestoßen hatte.

Ich hatte in der ersten Halbzeit nur einmal Ballkontakt. Monsieur Flamini kam in Ballbesitz und gab ganz sanft an mich ab, weil er wusste, dass ich überfordert wäre, wenn er mir einen schnellen Ball zuspielte. Ich stoppte ihn mit dem rechten Fuß – oder ich stoppte ihn jedenfalls fast –, und dann lag ich plötzlich am Boden, ohne zu wissen, was passiert war, und mein ganzer Körper dröhnte wie eine Glocke. Der Kopf tat mir weh, der Rücken, beide Beine, ein Arm ... Ich wusste, dass Fußballspielern manchmal gesagt wird, dass sie nicht mehr mitspielen dürfen. Das nennt sich »Rote Karte«, denn die zeigt dir der Schiedsrichter, wenn er böse auf dich ist. Aber ich hatte das Gefühl, eine Rote Karte reichte für den, der mir das angetan hatte, nicht aus. Meiner Meinung nach durfte dieser Mann, egal wer es war – ich hatte ihn weder kommen noch gehen sehen –, nie wieder Fußball spielen. Wahrscheinlich wanderte er für ein paar Wochen ins Gefängnis. Er tat mir fast ein bisschen leid.

Aber als ich mich aufrappelte und umsah, kratzte das keinen. Der Schiedsrichter zeigte niemandem eine Rote oder auch nur eine Gelbe Karte. Unsere Seite bekam nicht mal einen Freistoß. Keinen von meinen Mannschaftskameraden juckte es, ob ich verletzt war oder nicht. Alle spielten einfach weiter, als wäre nichts geschehen.

In einer Spielpause fragte ich Monsieur Flamini: »Haben Sie das gesehen?«

»Was?«

»Was passiert ist, nachdem Sie mir den Ball zugeschossen haben?«

»Ja. Du hast ihn verloren. Du hast ihn verschenkt.«

»Ich hab ihn nicht verschenkt. Irgendwer hat mich ungespitzt in den Boden gerammt und ihn mir weggenommen.«

»Das nennt man Tackling, Stefan. Da gewöhnst du dich besser dran.«

So ist das also, wenn man erwachsen wird, dachte ich. Die Leute können einen jederzeit zusammenschlagen, und keiner sagt was. Ich wäre gern jünger und nicht älter geworden.

In der Halbzeitpause standen wir auf dem Platz, weil wir sonst nirgends hinkonnten. Monsieur Blanc scharte uns um sich.

»Okay«, sagte er. »Es ist ja klar, was da schiefläuft. Wir müssen den kleinen Mann irgendwie davon abhalten, immerzu Tore zu schießen. Wir decken ihn nicht genug. Er hat zu viel Freiraum.«

Ich sagte nichts. Ich hörte bloß zu.

»Ich weiß, was wir machen«, sagte er. »Wir sorgen uns nicht mehr so um die linke Seite und ziehen Michel in die Mitte.«

Michel Garde war Buchhalter, der mit seiner Mutter zusammen im Dorf wohnte. Er sollte eigentlich den Randmann behindern, der den Ball immerzu an den Torschießer abgab. Michel machte seine Sache offenkundig nicht besonders gut, aber es war der reine Irrsinn, die linke Seite völlig frei zu lassen. Plötzlich ging mir auf, dass ich zwar der schlechteste Spieler der Mannschaft war, dass die anderen aber nicht die leiseste Ahnung hatten, was im Spiel vor sich ging. Sie konnten es einfach nicht sehen. Was sollte ich tun? Ich war neu in der Mannschaft und völlig nutzlos, also würde niemand auf mich hören. Aber wenn ich schwieg, würden wir noch mehr Tore kassieren. Wenn ich schwieg, würden wir fünfzig oder sechzig Tore im Rückstand liegen, und alle würden sagen, ich wäre schuld.

Mir war noch etwas aufgefallen. Monsieur Blanc war unser Kapitän und unser bester Spieler, tat aber nichts. Er stand immer viel zu weit weg vom Spielgeschehen und stemmte die Hände in die Hüften. Ich verstand das nicht. Er war sechsundzwanzig, groß und wahnsinnig fit, aber er begnügte sich damit, den anderen beim Spielen zuzuschauen. Das leuchtete mir einfach nicht ein.

Er merkte, dass ich ihn ansah.

»Hast du was auf dem Herzen, Stefan?«

»Nö, eigentlich nicht«, meinte ich.

»Hast du taktische Veränderungsvorschläge?«

Alle lachten über den Witz, und das ärgerte mich.

»Ja«, sagte ich.

Es war doch sowieso Jacke wie Hose. Schlimmstenfalls warfen sie mich aus der Mannschaft. Und da ich sowieso nicht spielen wollte, war dieser schlimmste Fall gar nicht mal so schlecht.

»Wir sollten uns nicht um den kleinen Mann Sorgen machen, der die ganze Zeit die Tore schießt«, sagte ich. »Es geht um den Randmann.«

»Den wen? Wer soll denn der Randmann sein?«

Ich sah zur anderen Mannschaft hinüber, die lachte und schwatzte, und fand ihn wieder. »Der da. Der gerade aus der Wasserflasche trinkt.«

»Und warum ist das der Randmann?«

»Weil er am Rand vom Platz spielt.«

»Der Flügelstürmer«, sagte Monsieur Blanc, als hätte er es mit einem Vollidioten zu tun. »Was soll mit dem sein?«

»Er spielt dem Torschießer immer den Ball zu. Ohne ihn könnte der Torschießer nichts machen.«

Monsieur Garde nickte.

»Er hat recht. Er ist das ganze Spiel an mir vorbeigerannt, und ich kann ihn nicht aufhalten. Ich brauch Hilfe.«

Monsieur Blanc wirkte verärgert. Er hatte gedacht, ich würde mich lächerlich machen, und stattdessen hatte ich etwas gesehen, das ihm entgangen war.

»Sonst noch was, Stefan? Da du hier ja der Experte bist?«

»Ich bin kein Experte«, sagte ich. »Mir sind bloß ein paar Sachen aufgefallen.«

»Oh, dann sag uns doch bitte, was dir sonst noch so aufgefallen ist.«

Ich zuckte die Schultern. »Also, ich möchte ja nicht unhöflich wirken, aber ... was genau ist Ihre Funktion? In der Mannschaft?«

»Ich bin der Stürmer. Das heißt, ich soll die Tore schießen.«

»Aber wir werden nie ein Tor schießen«, sagte ich. »Wir kommen nie an den Ball ran, und wir sind nie auf der rechten Seite vom Platz.«

Diesmal nickten mehrere Leute, und ich sah, dass Flamini in sich hineingrinste.

»Aber wenn Sie mitspielen wollen, könnten Sie den Großen stoppen.«

»Welchen Großen?«

»Den großen Mann in der Verteidigung. Er gibt den Ball immer an den Randmann ab. Jedes Mal. Wenn Sie also, ich weiß ja auch nicht ... wenn Sie dem den Weg versperren könnten, dann hätten die es nicht so einfach.«

Es war schräg. Ich wusste, dass ich recht hatte. Ich spiele viel Schach, und manchmal erkennt man Dinge, Formen und Muster. Außerdem nehm ich Sachen gern auseinander, um zu sehen, wie sie funktionieren. Ich wäre nie auf die Idee gekommen, dass man Fußball auf dieselbe Weise auseinandernehmen kann. Ich dachte immer, die Leute würden den Ball einfach ins Tor treten.

Trotzdem gab es für Monsieur Blanc keinen Grund, mir zuzuhören.

Als ich gerade aufgeben und sagen wollte, sie könnten das gleich wieder vergessen, kam meine Mutter, die Präsidentin, auf den Platz, um uns Mut zu machen.

»Dumm gelaufen, Jungs«, sagte sie. »Ihr spielt gut.«

Alle sahen sie an, als hätte sie eine Meise.

»Es hätte schlimmer kommen können.«

»Wie denn?«

»Ich weiß nicht. Es könnte 13:0 stehen.«

»Es *steht* 13:0«, sagte ich.

»Oh. Ich dachte, es wären erst 12. Okay, es könnte auch 14:0 stehen. Die Dinge könnten immer noch schlimmer stehen. Irgendwelche Pläne für die zweite Halbzeit?«

»Wir nehmen den Rechtsaußen in die Zange«, sagte Monsieur Blanc. »Und ich kümmere mich um den Vorstopper. Damit die Pässe nicht mehr zu ihm durchkommen.«

Ich brauchte ein bisschen, um zu verstehen, dass das genau meine Vorschläge waren, weil ich seine Ausdrücke nicht kannte. Als ich ihn verstanden hatte, wartete ich darauf, dass er ihr sagte, das wären meine Vorschläge.

»Sehr gut«, sagte meine Mutter. »Klingt sehr vernünftig.« Und sie ging vom Platz.

Ich versuchte, Blancs Blick auf mich zu ziehen, aber er sah mich nicht an.

Die zweite Halbzeit war richtig aufregend, weil wir ewig lange kein Tor mehr kassierten. Jedes Mal, wenn der große Verteidiger an den Ball kam, lief Monsieur Blanc zu ihm und blieb genau vor ihm, und ziemlich oft musste er sich daraufhin umdrehen und den Ball an ihren Torhüter zurückgeben. Deshalb bekam der Randmann, also der Flügelstürmer, selten den Ball, und wenn, musste er an zwei Spielern vorbei, nicht nur an einem, und der zweite, Zizou, der Mechaniker, konnte ihm manchmal sogar den Ball abnehmen. Und obwohl San Marino mit 13:0 in Führung lag, wirkten sie zunehmend beschämt, je länger kein Tor fiel. Der … der große Vorstopper und der Flügelstürmer bekamen sogar Streit.

Und wir alle liefen schneller und sprangen höher und attackierten härter. Oder jedenfalls die meisten von uns – ich war zu müde zum Laufen, und auf Tackling verstehe ich mich nicht. Auch die Zuschauer wurden immer erregter, als sie sahen, dass sich die Lage so verbesserte. Allen war klar, dass wir nicht gewinnen konnten, und alle wussten auch, dass wir kein einziges Tor schießen würden. Aber als wir erst fünfzehn, dann zwanzig und schließlich fast dreißig Minuten der zweiten Halbzeit gespielt hatten, ohne dass die andere Mannschaft noch ein Tor geschossen hätte, merkte man, dass sie richtig stolz auf uns waren. Sie fingen sogar mit Sprechchören an und applaudierten.

In der letzten Viertelstunde unterliefen uns drei blöde Fehler, und wir steckten noch mal drei Tore ein. Aber als der Schiedsrichter die Partie abpfiff, sah man viele Spieler unserer Mannschaft lächeln. Eine zweite Halbzeit mit

3:0 verloren zu haben, war Champinas bestes internationales Spielergebnis aller Zeiten.

»Allein die Vorstellung«, sagte Grimandi, »wir könnten mal in der ersten und in der zweiten Halbzeit so spielen ...«

»... dann würden wir jedes Spiel 6:0 verlieren«, lachte Flamini.

Ich wusste, wie Grimandi das meinte. 6:0 fühlte sich wie ein Fußballergebnis an. Gute Mannschaften, Mannschaften, von denen man schon mal gehört hat, konnten 6:0 verlieren. Aber niemand verliert je 26:0.

Als wir vom Platz gingen, jubelte die Menschenmenge – die gesamte Bevölkerung meines Landes. Und dann machten meine Mannschaftskameraden etwas, das ich nie vergessen werde. Sie gingen schnell an den Spielfeldrand, stellten sich in zwei Reihen auf und klatschten, als ich zwischen ihnen hindurchging. Auch Monsieur Blanc klatschte mit. Für meine Eltern muss das ein seltsamer Anblick gewesen sein. Soweit sie das mitbekommen hatten, hatte ich gar nichts getan, außer in der ersten Halbzeit hinzufallen.

Das war das letzte Mal, dass ich je spielen musste. Im nächsten Spiel wurde Grimandis zehnjähriger Sohn auf meiner Position aufgestellt, und er spielte besser als ich. Ich sollte zusehen und ihnen sagen, was sie falsch machten – ich war Trainer geworden. »Du hast Köpfchen«, sagte Grimandi. »Wir nicht.«

In meinem ersten Fußballspiel als Trainer verloren wir 12:0. Am Ende der Partie drehte die Mannschaft eine Ehrenrunde.

# SONST PANDÄMONIUM

Mom singt immer so einen bescheuerten alten Song, wenn ich schlechte Laune hab. Sie will mich damit zum Lachen bringen, aber ich lache nie, weil ich ja schlechte Laune hab. (Manchmal grins ich hinterher ein bisschen, wenn sich meine Laune bessert und ich daran denke, wie sie singt und tanzt und das bekloppte Schwarz-Weiß-Filmgesicht macht – Augen weit aufgerissen, Zähne gebleckt –, das sie bei diesem Song immer aufsetzt. Aber ich würde ihr nie im Leben sagen, dass ich grinsen muss. Dann würde sie bloß noch öfter singen.) Der Song heißt »Po-si-tiv denken«, und ich muss ihn über mich ergehen lassen, wenn sie sagt, wir fahren zur Oma nach Dayton, oder wenn sie mir kein Geld geben will, wenn ich CDs oder sogar Klamotten kaufen will, also echt jetzt. Egal, heute mach ich's jedenfalls wie in dem Song. Ich werde positiv denken und das Negative verdrängen. Sonst würde sich nämlich Mom und dem Song zufolge das Pandämonium auftun.

Okay. Also hier ist das positiv Gedachte: Ich hab Sex gehabt. Das ist die positive Seite. Ich weiß, angesichts der Umstände ist das wahrscheinlich ein seltsamer Standpunkt, aber bisher ist das definitiv das wichtigste Ereignis der Woche. Es ist nicht das wichtigste Ereignis des Jahres, das ist mir klar – und wie klar mir das ist –, aber eine Schlagzeile hat es trotzdem verdient: Ich bin grade fünfzehn geworden und bin nicht mehr unberührt. Wie cool ist das denn? Als Ziel hatte ich mir sechzehn gesetzt, das heißt, ich bin meinem Zeitplan ein volles Jahr voraus. Genau genommen fast zwei Jahre, denn in zweiundzwanzig Monaten bin ich immer noch sechzehn. Sagen wir also, dies ist die Geschichte, wie ich endlich gevögelt wurde – eine Geschichte mit einem Anfang, einer schrägen Mitte und einem Happy End. Sonst müsste ich Ihnen eine Stephen-King-mäßige Geschichte erzählen, mit einem Anfang, einer schrägen Mitte und einem scheißgruseligen Ende, und dazu hab ich keine Lust. Das wär mir im Moment auch keine Hilfe.

Also. Sie finden wahrscheinlich, Sie müssten jetzt erst mal wissen, wer ich bin, was für ein Auto mein Bruder fährt und diesen ganzen Holden-Caulfield-Müll, aber das müssen Sie gar nicht, und zwar nicht nur, weil ich gar keinen Bruder hab und auch keine süße kleine Schwester. So eine Geschichte ist das nicht. Einsichten in meine Persönlichkeit und dieser ganze Krempel bringen weder Sie noch mich weiter, weil der Scheiß hier echt ist. Ich hab keine Lust, dass Sie das hier zu Ende lesen und sich dann fragen, ob ich mich wohl anders verhalten hätte, wenn meine Eltern zusammengeblieben wären, ob ich ein typisches Produkt unserer Zeit bin, ob ich Ihnen was über das Leben mit fünfzehn erzähle oder sonst eine von diesen Fragen, die wir immer diskutieren müssen, wenn wir in der Schule eine Geschichte lesen. Darum geht es nicht. Sie müssen bloß wissen, wo ich den Videorekorder herhabe, und vielleicht noch, warum ich ihn mir besorgt hab, könnt ich mir denken, also erzähl ich Ihnen das.

Ich hab ihn ein paar Blocks von unserem Haus weg gefunden, in dem Laden, wo es gebrauchte Elektrogeräte gibt. Er kostete fünfzig Tacken, was ich voll okay fand, obwohl ich jetzt nicht mehr finde, dass das echt so ein Schnäppchen war, aber das ist eine andere Geschichte. Oder doch, das ist schon diese Geschichte, aber ein anderer Teil davon. Und gekauft hab ich ihn, weil ... okay, vielleicht brauchen Sie doch ein bisschen Hintergrund, aber ein großes Drama mach ich da garantiert nicht draus. Ich geb Ihnen einfach mal die Facts durch. Meine Mom und ich sind vor rund drei Monaten aus L. A. nach Berkeley gezogen. Umgezogen sind wir, weil Mom endlich meinen Arsch von Vater verlassen hat, der für den Film schreibt und sich damit über Wasser hält – aber da nie einer davon gedreht wird, sollte ich vielleicht eher sagen, dass er sich mit Drehbuchschreiben über Wasser hält. Mom ist Kunstlehrerin und malt auch selber so Zeug, und sie sagt, in Berkeley hätten Millionen von Menschen eine künstlerische Ader, von daher dachte sie, wir würden uns hier sofort wie zu Hause fühlen. (Ich fand's nett, dass sie »wir« gesagt hat. Ich hab im ganzen Körper nicht die Spur einer künstlerischen Ader, und das weiß sie auch, aber aus irgendeinem Grund glaubt sie, ich hätte das von ihr geerbt. Eigentlich waren schon immer sie und ich gegen ihn, daraus wurde dann sie und ich gegen L. A., und weil ich gegen L. A. war, konnte ich für sie irgendwie auch malen. Mir doch Wurst. Bilder sind ganz cool, manchmal.)

Berkeley ist ganz nett, nehm ich mal an, aber ich hatte hier keine Freunde, also hat mich Mom für so 'ne bescheuerte Jazzband angemeldet. Ich hatte in L. A. gerade mit Trompetenstunden angefangen und blies auch gar nicht mal schlecht; ein paar Monate nach dem Umzug sah sie in einem örtlichen Buchladen einen Zettel, der für irgendwas namens *Little Berkeley Big Band* Werbung machte, die ist quasi für Leute bis siebzehn, und da hat sie mich angemeldet. Am ersten Abend, als sie mich zur Probe gefahren hat, musste sie im Wagen ganz schön oft den Po-si-tiv-Song singen, weil ich sofort zugegeben hätte, dass ich mich gar nicht positiv fühlte. Aber es war dann okay, auch wenn ich das ihr gegenüber nie zugeben würde. Man kann echt richtig gut Krach machen, wenn man zu den Bläsern gehört. Ich kann allerdings nicht behaupten, dass ich da Freunde kennenlerne. Die Typen, die in der *Little Berkeley Big Band* spielen wollen ... na ja, sagen wir einfach, die sind nicht ganz mein Typ. Bis auf Martha, aber zu der kommen wir später. (Und jetzt können Sie sich das Ende teilweise schon denken, aber das juckt mich nicht, denn Sie kennen nur erst ihren Namen und wissen nicht, wie wir am Ende im Bett gelandet sind. Und interessant ist erst, wie wir am Ende im Bett gelandet sind.) Über Martha müssen Sie nur wissen: a) Sie ist scharf; b) aber scharf nicht wie so eine Schlampe. Anders gesagt, wenn Sie sie sehen würden, kämen Sie nie im Leben darauf, dass ich sie überreden könnte, mit mir zu schlafen. (Das hat Sie jetzt hoffentlich neugierig gemacht – »Scheiße, Mann, wie hat er die bloß abgeschleppt?« –, und das heißt, Sie interessieren sich mehr für das Happy End als für die schräge Mitte, und das heißt, ich kann mir die Stephen-King-Nummer sparen.)

Aber mein Argument für den Videorekorder war folgendes: Nicht nur lernte ich bei den Bandproben keine Freunde kennen, sondern die Bandproben hielten mich sogar davon ab, Freunde kennenzulernen. Und das kam so: Ich gehe zu den Proben. Wir haben keinen Videorekorder. (Der war bei Dad in L. A. geblieben, und aus irgendeinem kranken Grund wollte Mom nicht sofort einen neuen kaufen, weil wir wahrscheinlich jeden Abend Bücher lesen und Bilder malen und Trompete spielen sollten, als wäre das hier *Unsere kleine Farm* oder so.) Ich kann nicht mal die NBA-Endspiele aufnehmen, und am Tag danach kann ich dann nicht mitreden. Für alle Leute bin ich voll die Spacke. Ist doch allen klar, oder? Ihr nicht. Ich musste erst drohen, ich würde zu Dad zurückziehen, bevor sie nachgab, und dann schärfte sie mir praktisch noch ein, ich müsste aber das billigste und schäbigste Gerät der ganzen Bay Area kaufen.

Also dieser Laden ist jedenfalls saustark. Der verkauft alte Fernseher – also richtig alt jetzt, *Zurück-in-die-Zukunft*-alt – und Gitarren, Verstärker, Stereoanlagen und Radios. Und Videorekorder. Ich hab den alten Hippie, dem der Laden gehört, nach seinem billigsten gefragt, der noch funktioniert, und er zeigte auf einen Stapel in der Ecke vom Laden.

»Der ganz oben funktioniert«, sagte er. »Oder vor ein paar Tagen hat er jedenfalls noch funktioniert. Das war mein eigener.«

»Und warum brauchen Sie ihn nicht mehr?«, fragte ich ihn. Ich wollte gerissen sein, aber meistens klappt das bei mir nicht. Wenn ich ein, zwei Stunden Zeit hab, bin ich ausgekocht wie ein Markknochen, aber auf die Schnelle krieg ich nie einen schlauen Spruch hin.

»Ich hab einen besseren«, sagte er. Dagegen konnt ich schlecht was sagen. Wahrscheinlich hätte er einen zusammenschrauben können, der besser gewesen wäre. Scheiße, wahrscheinlich hätte selbst ich einen zusammenschrauben können, der besser gewesen wäre.

»Aber er zeichnet auf?«

Er sah mich bloß an.

»Zeichnet auf und spielt ab?«

»Nein, Junge. Er macht alles Mögliche, aber aufzeichnen und abspielen kann er nicht.«

»Aber wenn er nicht aufzeichnet und abspielt, was soll ...« Dann merkte ich, dass er das sarkastisch gemeint hatte, und kam mir voll bescheuert vor.

»Und Sie hatten damit nie Probleme?«

»Kommt drauf an, was du unter Problemen verstehst.«

»Na ja ... mit dem Aufzeichnen? Oder Abspielen?« Ich wusste nicht, wie ich das sonst sagen sollte.

»Nein.«

»Was für Probleme hatten Sie denn dann?«

»Wenn dieses Gespräch noch lange dauert, muss ich den Preis raufsetzen. Ich hab meine Zeit nicht gestohlen.«

»Hat er eine Fernbedienung?«

»Ich kann dir eine raussuchen.«

Also fischte ich die fünfzig Tacken aus der Hosentasche, gab sie ihm und holte mir das Gerät oben vom Stapel. Er besorgte mir eine Fernbedienung und steckte sie mir in die Jackentasche. Und als ich dann schon an der Tür war, sagte er so was Schräges.

»Nur ... vergiss es.«

»Was?«

»Wie ich.«

»Was?«

Der Typ war Berkeley der alten Schule, um's mal so zu sagen. Grauer Bart, grauer Pferdeschwanz, speckige alte Weste.

»Weil er nichts wissen kann, stimmt's? Es ist bloß ein Scheißvideorekorder. Was kann der schon wissen? Nichts.«

»Nein, Mann«, sagte ich. Weil ich dachte, ich hätte ihn im Griff, verstehen Sie? Er war schlicht und einfach panne. Hatte sich das Gehirn weggekifft. »Nein, er kann nichts wissen. Wie Sie sagen, was könnte er schon wissen?«

Da lächelte er, als wäre er richtig erleichtert, und erst als er lächelte, merkte ich, wie traurig er vorher ausgesehen hatte.

»Das musste ich jetzt einfach hören«, sagte er.

»Gern geschehen.«

»Ich bin neunundvierzig, und ich hab viel zu tun. Ich muss einen Roman schreiben.«

»Na, dann beeilen Sie sich lieber.«

»Echt?« Jetzt sah er wieder besorgt aus, und ich merkte, dass ich mich in die Nesseln gesetzt hatte.

»Na, Sie wissen schon. Finden Sie Ihr Tempo.« Es war schließlich nicht mein Bier, wann der seinen bescheuerten Roman schrieb. Warum auch?

»Genau. Genau. Hey, danke.«

»Keine Ursache.«

Und das war's. Ich dachte vielleicht noch anderthalb Minuten über seine Bemerkung nach, und dann vergaß ich ihn. Jedenfalls eine Zeit lang.

Ich war also gerüstet. Am Abend hatte ich eine Bandprobe, also verkabelte ich den Rekorder mit dem Fernseher in meinem Zimmer und machte einen Testlauf. Ich zeichnete ein paar Minuten von den Nachrichten auf und spielte sie ab – eins a. Ich probierte die Fernbedienung – prima. Ich legte sogar *Matrix* ein, um die Bildqualität zu prüfen. (Die Bildqualität war dann so, wie man sie bei einem Fünfzig-Tacken-Rekorder erwartet.) Dann machte ich mich mit dem Timer vertraut und stellte den letzten Teil vom Lakers-Spiel am Abend ein. Alles gebongt. Oder alles wäre gebongt gewesen, wenn sich meine Mutter nicht eingemischt hätte, aber wie sich dann rausstellte, war das eine gute Einmischung.

Die Sache war nämlich die, dass ich von Marthas Dad nach Hause gebracht wurde. Mit Martha im Auto. Ich meine, natürlich war Martha im Auto, schließlich kam ihr Vater zum Stadtteilzentrum, um sie abzuholen, aber Sie verstehen schon. Martha saß im Auto. Und das bedeutete ... na ja, eigentlich nicht viel, wenn Sie's genau wissen wollen. Ich hab nicht grade viel geredet. Wie gesagt, wenn ich ein paar Stunden Zeit habe, bin ich William Shakespeare höchstpersönlich; bloß in Echtzeit krieg ich Probleme. Ich nehm mal an, da schlagen die Gene meines Vaters durch. Der kann mittelprächtige Dialoge schreiben, wenn er genug Zeit hat – sagen wir ein Jahr. Aber wenn man ihm eine schlichte Frage stellt, wie beispielsweise »Was ist eigentlich mit dir und Mom?«, dann kommt nur so ein »Tja, na ja, also, weißt du«. Danke, Dad, dann weiß ich ja Bescheid.

Jedenfalls, wir stiegen in den Wagen und ... ach, Moment, ich muss noch dazusagen, dass das eine Dauereinrichtung war, und deswegen war ich von meiner Vorstellung an dem Abend auch nicht allzu genervt. Und vielleicht sollte ich noch gestehen, dass ich's fast vermasselt hätte. Und da geht's um Moms gute/schlechte Einmischung. Die Sache war die, dass sie in so eine kleine Galerie in der Nachbarschaft reingeschneit war, um sich zu erkundigen, ob die sich vorstellen könnten, ihr Zeug auszustellen, kam mit dem Galeristen ins Gespräch, und der stellte sich als Marthas Dad heraus. Und irgendwie kamen sie auf die *Little Berkeley Big Band* zu sprechen, und in null Komma nichts waren die Mitfahrgelegenheiten aufgeteilt. Ehrlich gesagt: Ich bin voll ausgerastet, als sie das gesagt hat. Da hätte sie ewig ihren Song singen können, ich hätte mich nicht beruhigt. Sie erzählte, sie hätte jemanden kennengelernt, der ganz in der Nähe wohnte, und seine Tochter wäre in der Band, und deswegen würde er uns diese Woche hinbringen und abholen, und nächste Woche wäre sie an der Reihe, und ...

»Halt, stopp.«

»Was ist denn?«

»Ist dir eigentlich klar, dass diese Band aus nichts als Nullcheckern besteht? Erwartest du im Ernst, dass ich mich ab sofort jede Woche neben eine von denen ins Auto setze?«

»Ich will doch nicht, dass du mit ihr gehst. Ich möchte, dass du einmal die Woche zehn Minuten neben ihr im Auto sitzt.«

»Danke, kein Bedarf.«

»Zu spät.«

»Okay, ich hör mit der Band auf. Jetzt sofort.«

»Findest du nicht, dass das eine Überreaktion ist?«

»Nein. Und tschüs.«

Und ich ging in mein Zimmer hoch. Das war mein Ernst. Ich würde aufhören. Das war mir egal. Selbst, wenn ich damit eine zukünftige Karriere als Superstar auf der Jazztrompete in die Tonne trat – selbst das war okay, wenn ich dafür nicht neben Eloise und ihrem Mundgeruch in einem Auto sitzen musste. Oder Zoe und ihrem Zitat Drüsenproblem Zitatende (mit anderen Worten ihrem massiven Fettheitsproblem). Mom kam jedenfalls fünf Minuten später hoch und sagte, sie hätte den Typ angerufen und die Mitfahrgelegenheit mit der Begründung abgesagt, ich hätte vorher noch einen Arzttermin und käme deshalb nicht von zu Hause.

»Einen Arzttermin? Na toll, jetzt glauben alle, ich hätte eine eklige Krankheit. Vielen Dank.«

»Meine Güte.« Sie schüttelte den Kopf.

»Und wie soll ich das anstellen, dass ich nicht mit ihnen zurückmuss?« Ich gebe zu, ich war ganz schön schwierig.

Sie schüttelte wieder den Kopf. Wenn ich nicht so sauer gewesen wäre, hätte sie mir vielleicht sogar leidgetan. »Ich denk mir was aus.«

»Und was?«

»Keine Ahnung. Steig schon mal ein. Sonst kommen wir zu spät.«

»Nein. Jetzt ist mir das peinlich. Ich hör trotzdem auf.«

»Da wird Paul aber enttäuscht sein. Ich hatte den Eindruck, er setzt große Hoffnungen in

Martha und dich. Er meinte, du würdest so klingen …«

»Moment mal. Martha?«

»Kennst du sie?«

»Kann sein.«

»Magst du sie?«

Ich versuchte, cool zu bleiben. »Die ist ganz okay. Ich hol mal eben meine Trompete.«

Eins muss ich Mom lassen: Sie sagte nichts. Lächelte nicht mal so, dass ich wieder ausgerastet wäre. Wartete einfach unten auf mich. Aber sie lag trotzdem falsch. Okay, alles lief gut, aber mit einer 99,9%igen Chance (na gut, in der Band sind vielleicht fünfzehn Mädchen, also mit einer vierundneunzig-Komma-irgendwas-Prozent-Chance) hätte das Ganze in einer Katastrophe enden können. Sie wusste nicht, dass es Martha war, oder auch nur, wer Martha war, also hatte sie einfach Schwein gehabt.

Bevor ich mit Martha und mir im Wagen weitermache, was übrigens aufregender klingt, als es war, gibt es noch ein wichtiges Detail in der Geschichte, bloß weiß ich nicht, wo ich das hintun soll. Entweder gehört es hierher – was zeitlich ungefähr hinkäme –, oder ich bring's erst später, wo ich dann von der Probe zurückkomme und es rausfinde und wo es ein bisschen mehr dramatischen Effekt hat. Aber das Blöde ist, wenn ich's erst später erzähle, glauben Sie's vielleicht nicht. Dann glauben Sie vielleicht, das wäre so ein Erzählertrick oder ich hätte mir das spontan ausgedacht, um irgendwas zu erklären, und das würde mich total ankotzen, wenn Sie das denken. Und außerdem hab ich dramatische Effekte gar nicht nötig, Mann. Diese Geschichte muss ich abkühlen und nicht heiß machen. Also erzähl ich Ihnen hier und jetzt: Ich hatte die Aufnahme vom Lakers-Spiel verbockt. Ich war so stinkig, dass ich fünf Minuten *Matrix* gesehen hab, und dafür musste ich die Leerkassette rausnehmen. Und ich weiß noch, dass ich die *Matrix*-Kassette wieder rausgenommen hab, aber ich hab vergessen, die Leerkassette wieder einzulegen (und vergessen hab ich's, weil ich ziemlich hektisch drauf war, nachdem Mom Martha erwähnt hatte). Aber da wusste ich nicht, dass ich's verbockt hatte. Verstehen Sie? Wenn ich mir den Teil für später aufgespart hätte, wäre das ein zusätzlicher Hammer gewesen – »Oh nein, er hat das Spiel nicht aufgenommen. Wie kommt's dann, dass ...« Aber wenn dieser Hammer bedeutet, dass Sie mir weniger glauben, ist es das nicht wert.

Also noch mal. Nach der Probe stiegen wir in den Wagen, Martha, ihr Dad und ich, und ... Wissen Sie was? Das ist alles total Banane. Mist, vielleicht hätte ich das mit der Videokassette doch erst später bringen sollen, denn jetzt, wo ich's mal erwähnt hab, will ich immerzu drauf zurückkommen. Ich kann's nicht mehr zur Spannungssteigerung zurückhalten. Aber wenn man's sich recht überlegt, merkt man daran immer, wenn Geschichten erstunken und erlogen sind. Ich meine, ich les total viele Horrorgeschichten, und deren Autoren zögern immer alles total lange raus, um die Spannung zu steigern. Nur mal so als Beispiel: »Sie lief den Weg hinab und warf mit einem Seufzer der Erleichterung die Tür ins Schloss. Sie ahnte ja nicht, dass der Vampirzombie ihr im Badezimmer auflauerte. UNTERDESSEN runzelte Frank Miller vom NYPD dreitausend Kilometer entfernt die Stirn. Irgendetwas an diesem Fall beunruhigte ihn ...«

Denn mal im Ernst, wenn die Sache mit dem Vampirzombie echt ist – WIRKLICH UND WAHRHAFTIG UND SIE STECKEN MITTEN DRIN –, dann kratzt es Sie nicht, ob Frank Miller die Stirn runzelt oder nicht. Sie haben in Ihrer Wohnung einen Zombie mit Kettensäge oder Schweißbrenner oder sonst was, was juckt es Sie da also, was ein Cop am anderen Ende des Kontinents mit seinen Augenbrauen anstellt? Gestatten Sie mir daher, Sie auf etwas hinzuweisen, das Ihnen das Lesevergnügen für immer und ewig vermiesen könnte: Wenn Sie so was lesen, ist die Geschichte ausgedacht.

Aber Sie wissen ja, die Geschichte, die ich Ihnen erzähle, ist nicht ausgedacht. Das wissen Sie a) weil ich Ihnen die Sache mit der Kassette sofort erzählt habe, als sie passiert ist, statt sie mir hammermäßig für später aufzusparen, und b) weil ich nicht groß darauf eingehen werde, wer im Auto was zu wem sagte, bloß um die Seitenzahl aufzublähen oder Sie die Sache mit der Kassette wieder vergessen zu lassen. Erst mal müssen Sie nur Folgendes wissen: Martha und ich sagten nicht viel, lächelten uns aber jede Menge an, und am Ende der Fahrt war uns wohl beiden klar, dass wir uns mochten. Und dann stieg ich aus, sagte Mom »Hi« und ging nach oben, um mir das Spiel anzusehen.

Gut, Sie wissen jetzt, dass keine Kassette im Rekorder war, aber ich wusste das nicht. Ich setzte mich aufs Bett und schaltete den Fernseher ein. Letterman fing gerade an. Er zog eine von seinen bescheuerten Listennummern ab, die alle komisch nennen, obwohl keiner kapiert, was sie sollen. Ich drückte die Rückspultaste der Fernbedienung: nichts. Kein Wunder, oder? Und dann drückte ich auf die Vorspultaste, vielleicht weil ich dachte, das einprogrammierte Aufzeichnen hätte nicht geklappt, und ich wollte prüfen, ob eine Kassette eingelegt war.

Und dann geschah Folgendes: Ich spulte Lettermans Show vor. Was mich ziemlich ins Schleudern brachte. Wie sollte das denn gehen? Die Show war noch gar nicht zu Ende, wie sollte ich sie also aufgezeichnet haben? Ich drückte EJECT und erfuhr endlich, was Sie schon eine Weile wissen: dass keine Kassette im Rekorder steckte. Ohne Kassette kann man nicht vorspulen. Aber mein Fernseher weiß das anscheinend nicht, denn inzwischen fuchtelte Letterman wahnsinnig schnell in der Luft rum, und dann hasteten wir durch die Werbung, und dann kam der Abspann und die *Late Late Show* und dann noch mehr Werbung ... und da merkte ich endlich, was los ist: Ich spulte eine Fernsehsendung vor, die gerade erst ausgestrahlt wurde.

Das war natürlich erst mal nur eine Theorie, die ich geprüft hab, und zwar, indem ich die Fernbedienungstaste gedrückt hielt, bis die Frühstücksnachrichten vom nächsten Morgen kamen, was vielleicht eine Stunde dauerte. Aber am Ende war ich da: Sie zeigten das Wetter vom nächsten Tag, die besten Ausschnitte von dem, was angeblich das Lakers-Spiel von gestern Abend war – obwohl es für mich noch gar nicht gestern Abend war – und kurz darauf noch, dass es im Nebel am frühen Morgen auf der Autobahn in der Nähe von Candlestick Park eine Massenkarambolage gegeben hatte. Ich hätte sie verhindern können, wenn ich irgendeinen der Fahrer gekannt hätte. Nach einer Weile fand ich's langweilig und legte die Fernbedienung weg; aber ich konnte lange nicht einschlafen.

Am nächsten Morgen verschlief ich und musste mich dann beeilen, daher konnte ich mich nicht weiter durchs Fernsehprogramm des Tages bewegen. Auf dem Schulweg versuchte ich, das Ganze auf die Reihe zu kriegen – was ich damit anfangen konnte und ob ich es jemandem zeigen sollte, die Kiste halt. Wie gesagt, ich bin nicht so schnell von Kapee, wie ich gern wäre, kein Maurice Greene der Intelligenz. Gripsmäßig bin ich eher so ein kenianischer Langstreckenläufer. Letztlich komm ich überall an, aber ich brauche Stunden und jede Menge Schweiß. Und mal unter uns, als ich an dem Morgen in die Schule ging, hielt ich das auch für keine große Sache. Meine Haltung war eher so, okay, ich hab den Wetterbericht von heute Morgen schon gestern Abend gesehen, na wenn schon. Alle kannten das Wetter von heute. Und wussten von der Massenkarambolage. Und ich hatte die besten

Ausschnitte vom Lakers-Spiel gesehen, aber alle anderen, die nicht bei der Probe einer bescheuerten Jazzband gewesen waren, hatten das ganze Spiel gesehen. Sollte ich vor den Leuten vielleicht damit rumprotzen, dass ich Sachen gesehen hatte, die sie schon vor mir gesehen hatten?

Gedachtes Gespräch:

»Ich hab die besten Ausschnitte vom Lakers-Spiel gesehen.«

»Wir auch. Wir haben das Spiel gesehen.«

»Gut, aber ich hab sie im Frühstücksfernsehen gesehen.«

»Wir auch.«

»Gut, aber ich hab sie schon gestern Abend im Frühstücksfernsehen gesehen.«

»Du bist ein Wichser, dem man die Fresse polieren sollte.« Was soll da so toll dran sein? Das Frühstücksfernsehen sieben Stunden zu früh zu sehen, schien mir keine große Sache zu sein.

Ich hatte eben eine lange Leitung, bis ich die Sache peilte: Wenn ich einfach immer weiter vorspulte, bekam ich alle möglichen Sachen zu sehen. Die restlichen Endspiele. Die nächsten Folgen von *Buffy* oder *Friends*. Die nächste Staffel von *Buffy* oder *Friends*. Das Wetter vom nächsten Monat, auch wenn das nichts bringt. Sachen aus den Nachrichten, also wenn beispielsweise nächstes Jahr ein Amokläufer mit

Knarre in die Schule kam, konnte ich die Leute warnen, die ich mochte. (Brian O'Hagan also bestimmt nicht. Oder Mrs Fleming.) Ich hatte also eine lange Leitung, bis ich schnallte, dass es voll krass sein konnte, im Fernsehen vorzuspulen.

Und dann machte ich zwei Tage lang nichts anderes: Ich saß mit der Fernbedienung in meinem Zimmer und sah das Fernsehen der Zukunft. Ich sah, wie die Lakers im NBA-Finale die Pacers plattmachten. Ich sah, wie die A's von den Yankees untergebuttert wurden. Ich sah die Folge von *Friends*, wo Phoebe und Joey heiraten. Ich spulte vor, bis ich Blasen an den Fingern hatte. Ich sah fern, bis sogar meine Träume im 14-Zoll-Format kamen. Ich verbrachte so viel Zeit in meinem Zimmer, dass Mom dachte, ich hätte gerade das Wichsen entdeckt, und wollte, dass ich Dad anrufe und mit ihm rede. (Mom? Hallo? Vielleicht bin ich fünfzehn?) Ich konnte auch zurückspulen; wenn ich wollte, konnte ich Wiederholungen des Fernsehens der Zukunft sehen.

Und nichts davon brachte irgendetwas. Wer will Sachen schon wissen, bevor sie passieren? Die Leute glauben vielleicht, sie wollen, aber das wollen sie gar nicht, denn wenn man Sachen weiß, bevor sie passieren, hat man nichts zu reden. In der Schule drehen sich die Gespräche massenhaft um Fernsehen und Sport; die Leute wollen aber über das reden, was gerade erst passiert ist (woran ich mich jetzt nie erinnern konnte, weil es drei Spiele her war oder in der vorletzten Folge kam) oder was passieren könnte. Und wenn sich Leute darüber unterhalten, was passieren könnte, dann wollen sie darüber diskutieren oder witzeln; sie wollen nicht, dass wer dazukommt und alles plattmacht. Das läuft so: »Nein, Mann, Shaq ist inzwischen auch nicht mehr der Jüngste, die Pacers könnten die packen.« – »Da träumst du aber von! Die Pacers haben keine Verteidigung. Die nimmt Shaq doch im Sturm.« Was sagt man da, wenn man das Spielergebnis kennt? Erzählt man's ihnen? Natürlich nicht. Das klingt viel zu abgedreht, und es kauft einem eh keiner ab. Also hab ich einfach immer dem Typen zugestimmt, dessen Prognose der mir bekannten Wahrheit am nächsten kam, und dann war das, als hätt ich nichts gesehen, denn mein Wissen brachte eh keinem was. Das hab ich schließlich gelernt: Das Schulleben dreht sich um Erwartungen. Wir sind fünfzehn und haben noch nichts erlebt, also malen wir uns ohne Ende aus, was kommen könnte. Kein Schwein interessiert sich für einen Wichser, der angeblich Bescheid weiß. Darum geht es nicht.

Aber ich hab natürlich immer weiter vorgespult. Ich konnt's einfach nicht lassen. Ich bin aus der Schule gekommen und hab ferngesehen, bin morgens aufgewacht und hab ferngesehen, bin von den Proben zurückgekommen und hab ferngesehen. Ich war einen Monat, vielleicht fünf Wochen weit in der Zukunft – weit genug, um zu wissen, dass sich Frasier mit einer Schriftstellerin verlobt, dass eine bescheuerte neue Sitcom über einen Rockstar anläuft, der aus Versehen auf eine Größe von acht Zentimetern schrumpft, und dass durch einen Wahnsinnssturm der halbe Mittlere Westen überflutet wird.

Und dann ... Gut, also vielleicht sollte ich sagen, dass mir etwas aufgefallen war: Die Nachrichtensendungen wurden scheiße lang. Durch die musste ich ewig lange durchspulen. Und dann kam ich eines Abends aus der Schule, griff nach der Fernbedienung, und es gab nur noch Nachrichten. Soweit ich das beurteilen konnte, bestand unser ganzes Fernsehen – auf sämtlichen Kanälen – in rund sechs Wochen nur noch aus einer einzigen langen Scheißnachrichtensendung. Kein *Buffy*, kein Sport, kein gar nichts; nur Männer in Anzügen vor Landkarten und Leute in schrägen Ländern, von denen man nie gehört hatte, die in diese Videomistdinger quatschen, die immer alles ruckelig und unscharf machen. So war das auch ein paar Tage nach dem 11. September, falls Sie sich so weit zurückerinnern können, aber früher oder später normalisierte sich alles wieder; das suchte ich hier auch, kam aber nicht so weit.

Ab und zu stoppte ich und hörte mir an, worüber die Leute redeten, kam der Sache aber nicht ganz auf den Trichter; es ging um Indien und Pakistan, Russland, China, Irak, Iran, Israel und Palästina. Immer wieder Landkarten und Aufnahmen von Leuten, die in diesen ganzen Ländern ihre Sachen packten und sich vom Acker machten. Das Übliche, nur schlimmer, würd ich mal sagen.

Und dann fand ich ein paar Fernsehtage später die Präsidentin. Davon sah ich mir einiges an – es kam gleichzeitig auf allen Kanälen. Sie saß im Oval Office und wandte sich mit einer total intensiven Miene an das amerikanische Volk. Sie sah so ernst aus, dass es einem Angst machte. Und sie erklärte, dies wären die finstersten Tage unserer Geschichte, und wir alle müssten sie mit Mut und Entschlossenheit durchstehen. Sie sagte, die Freiheit hätte ihren Preis, und dieser Preis müsse gezahlt werden, sonst verlören wir als Nation unsere Identität oder unseren Wert. Und dann bat sie um Gottes Segen für uns alle.

Direkt nach der Ansprache wurde auf Live-Aufnahmen von noch mehr Menschen geschnitten, die aus ihrer Heimat flohen, ein paar Habseligkeiten unter dem einen Arm und kleine Kinder auf dem anderen. Sie liefen auf den Eingang einer U-Bahn-Station zu und wollten unter die Erde kommen. Diese Aufnahmen waren aber nicht ruckelig oder verschwommen. Diese Menschen lebten in New York City.

Ich wollte das nicht mehr sehen und griff zur Fernbedienung; noch nie im Leben hatte ich mich so übel danach gesehnt, den Vorspann von *Sabrina* zu sehen. Aber nach ein paar Stunden Nachrichten kam nichts mehr. Das Fernsehen hörte einfach auf. Es gab kein Fernsehen mehr. Seitdem hab ich den größten Teil meiner Zeit damit verbracht, über das weiße Rauschen rauszukommen, aber noch bin ich nicht so weit.

Also, die ganze Zeit hab ich mit niemandem darüber gesprochen. Nicht mit Mom, nicht mit irgendwem in der Schule, nicht mit Martha. Damit haben sie in Geschichten nämlich recht, auch wenn ich das früher anders gesehen hab: Über unheimliche Sachen will man nicht reden. In den Geschichten hat das immer einen Grund, was weiß ich, dass keine Worte rauskommen, wenn sie sprechen wollen, oder der Zauber funktioniert nur bei dem Typ, der die Geschichte erzählt, die Schiene eben, aber in Wahrheit klingt es bloß saublöd. Als ich endlich gerafft hatte, dass ich NBA-Spiele sehen kann, bevor sie stattfinden, hab ich mir natürlich gesagt, hey, ich lad 'n paar Kollegen ein, und wir sehen uns die zusammen an. Aber wie sagt man das? Wie sagt man, ich hab einen Videorekorder, mit dem ich durchs ganze Fernsehen vorspulen kann? Das sagt man nicht, fertig aus, oder nur der letzte Volltrottel. Können Sie sich das vorstellen? Schneller lässt man sich allenfalls 'ne Scharte ziehen, wenn man in der Schule im STA-COOL-T-Shirt antanzt. (Wobei mir grad einfällt: Wenn Sie das hier lesen, können Sie mit STA-COOL vielleicht gar nichts anfangen. Denn wenn Sie das hier lesen, ist das irgendwann in ferner Zukunft, nach dem weißen Rauschen, und da haben Sie vielleicht alles über STA-COOL vergessen. Vielleicht ist das eine bessere Welt, wo die Menschen nur gute Musik hören und nicht den Plätscherpop irgendwelcher Boygroups, weil die Welt eingesehen hat, dass das Leben zu kurz für Boygroups ist. Na prima. Freut mich. Wir sind nicht umsonst gestorben.) Und ich wollte es Mom erzählen, aber noch nicht, und als ich dann zum weißen Rauschen kam ... Die Leute sollten ihr Leben genießen können, so seh ich das. Wenn sie mich wegen meiner Klamotten anblökt oder weil ich zu laut Musik hör, will ich jetzt manchmal was sagen. Irgendwas in die Richtung »Krieg dich wieder ein, Mom, in einem Monat oder so gehen hier eh die Lichter aus.« Aber meistens möchte ich einfach bloß, dass sie ihr Malen und das Leben in Berkeley genießt. Sie ist glücklich hier.

Nur als mir der Typ wieder einfiel, bei dem ich den Rekorder gekauft hatte, wollte ich mit dem drüber sprechen. Er hatte das weiße Rauschen auch gesehen; darum hatte sich das Gespräch bei ihm im Laden gedreht, nur hatte ich das nicht gewusst. Kaum war ich zur Tür rein, war ihm klar, was ich wollte. Ich musste nicht mal was sagen. Er sah es mir an.

»O Mann«, sagte er nach einer Weile. »O Mann. Und ich hab meinen Roman nicht mal angefangen.« Ich dachte, ich werd nicht mehr. Wann würde der Typ denn dann einsehen, dass uns die Zeit davonlief? Er hatte das Scheißende der Welt live gesehen und trotzdem nicht den bekifften Arsch hochgekriegt. Aber vielleicht hatte er sich auch gesagt, dass er in der kurzen Zeit eh keinen Verleger finden würde. Und mit vielen Lesern konnte er auch nicht mehr rechnen.

»Vielleicht haben wir beide einen an der Waffel«, sagte ich. »Vielleicht haben wir irgendwas falsch verstanden.«

»Glaubst du, die würden aus einem anderen Grund kein Fernsehen mehr ausstrahlen? Vielleicht damit wir mehr Sport treiben?«

»Vielleicht funktioniert die Kiste einfach nicht mehr.«

»Ja klar, und die ganzen Leute sind mit ihren Kids bloß in die U-Bahn, weil sie keinen Babysitter gefunden haben. Nee, Mann, wir sind am Arsch. Ich hab die Pissnelke nicht gewählt, und jetzt hat sie mich umgebracht. Scheiße.«

Na, du hast vom Leben doch wenigstens was gehabt, hätt ich fast gesagt. Ich hab noch gar nichts gehabt. Und in dem Augenblick war mir klar, dass ich mich mit Martha verabreden würde.

◎

(Okay. Das war die schräge Mitte. Jetzt kommt das Happy End: die Geschichte, wie ich es schaffte, mit dem schärfsten Mädchen in der *Little Berkeley Big Band* zu schlafen, obwohl ich erst fünfzehn bin und obwohl sie nicht die Sorte Mädchen ist, die sich dem Erstbesten an den Hals schmeißt.)

Wenn man weiß, dass die Welt den Bach runtergeht, macht einen die ganze Verabredungskiste nicht so nervös. Das ist doch mal was. Und sie machte es mir auch leicht. Wir sprachen im Wagen ihres Vaters über Filme, die wir gesehen hatten, und Filme, die wir sehen wollten, und stellten fest, dass wir beide den mit Vin Diesel über den Mann sehen wollten, der sich in einen Bazillus verwandeln, in Menschen breitmachen und sie, wenn's sein muss, umbringen kann. (Wobei ich den, offen gesagt, damals lieber sehen wollte als heute. Es gibt viele Sachen, die mir damals wichtiger waren als heute. Was weiß ich, Sachen kaufen und so. Klingt dämlich, nehm ich mal an, aber wenn man ein cooles T-Shirt sieht, denkt man an die Zukunft, oder? Man sagt sich, hey, das könnt ich zu Sarah Steiners Party anziehen. Viele Sachen haben mit der Zukunft zu tun – Schule, Gemüse essen, Zähne putzen ... Von meiner Warte aus ist es ziemlich leicht, die Dinge schleifen zu lassen.) Aber der nächste Schritt war logischerweise die Frage, hey, wollen wir den nicht zusammen sehen.

Der Film war okay. Und hinterher haben wir uns 'ne Pizza geholt und darüber gesprochen, wie das wäre, wenn man ein Bazillus wäre, und über die Band und über ihre Schule und meine

Schule. Und dann sagte sie, sie fände mich auch so nett, weil ich so traurig aussähe.

»Echt?«

»Ja. Klingt das bescheuert?«

»Nein.« a) klingt nichts, was sie sagt, bescheuert; b) selbst wenn, wäre es bescheuert, ihr das zu sagen; c) bin ich traurig. Hab ich ja wohl auch allen Grund zu. Also kein Wunder, wenn man mir das ansieht.

»Die meisten Typen in unserm Alter sehen nicht traurig aus. Die lachen immerzu über jede Kleinigkeit.«

Ich lachte – ein bisschen –, weil sie damit recht hatte und es mir vorher nicht aufgefallen war.

»Und? Bist du wirklich traurig? Oder liegt das einfach nur an deinem Gesicht?«

»Ich schätze ... keine Ahnung. Ich nehm mal an, ich bin manchmal traurig.«

»Ich auch.«

»Ja? Warum?«

»Du zuerst.«

O Mann. Ich hab jede Menge Filme und Soaps gesehen und weiß, dass der traurige Typ immer der ruhige und sensible Dichtertyp sein soll, und ich weiß nicht, ob das zu mir passt. Ich war bestimmt nicht traurig, als ich noch nicht wusste, dass es eine furchtbare Katastrophe geben würde und dass wir alle abschmieren würden; plötzlich war aus einem NBA-Fan der geniemäßig gequälte Schnösel geworden. Ich glaube, sie bekam ein ganz falsches Bild. Wenn PJ Rogers, und das ist dieser echt blöde Posaunist in der Band, der einen lauten Furz für den besten Witz der Welt hält, wenn der also gesehen hätte, was ich gesehen hatte, hätte er auch das gequälte Genie gegeben.

»Da ist was, worum ich mir Sorgen mach. Das ist alles. Zum Tiefsinn neig ich deswegen noch lange nicht.«

»Viele Jugendliche machen sich nicht mal Sorgen, wenn sie sich welche machen sollten. Die sind zu unsensibel.«

»Und woran liegt's bei dir?« Ich wollte das Thema wechseln. Ich steckte hier zu viel Anerkennung ein.

»Ich weiß gar nicht, warum ich oft so traurig bin. Bin ich einfach.«

Ich wollte ihr sagen, genau das wäre das einzig Wahre. Das hieße, sensibel und verkorkst zu sein ... die klassischen Frühstücksclub-Themen. Im Vergleich zu dir bin ich ein blutiger Laie. Aber ich sagte nichts. Ich nickte bloß, als wüsste ich, was sie meinte.

»Möchtest du über die Sachen reden, die dir Sorgen machen? Würde das helfen?«

»Mir würde es helfen. Aber dich würde es fertigmachen.«

»Ich schaff das schon.«

»Wär ich mir nicht so sicher.«

»Kommt auf den Versuch an.«

Und ich hatte es so satt, der Einzige zu sein, dass ich auf ihr Angebot einging. Und das dürfte das Egoistischste sein, was ich in meinem ganzen Leben gemacht hab.

Nach der Probe an einem Samstagmorgen lud ich sie zum Mittagessen zu uns nach Hause ein. Mom brachte uns zurück und machte uns Sandwiches, und nach dem Essen gingen wir in mein Zimmer, um Musik zu hören – oder das dachte sie jedenfalls. Aber als wir oben waren, erklärte ich Martha alles. Von Anfang an. Das hatte ich vorbereitet; ich hatte dahin zurückgespult, wo die Nachrichten bei allen Sendern immer länger wurden, und einen Abschnitt gefunden, wo sie darüber sprachen, was passiert war, und alle Daten, die sie erwähnten, lagen in der Zukunft. Das waren meine Beweise, und Martha glaubte mir. Es dauerte dann ein paar Stunden, bis wir wieder bei den U-Bahn-Szenen in New York City waren, aber sie wollte sie sehen, also warteten wir einfach so lange. Und dann sah sie sie, und dann fing sie an zu weinen.

Hören Sie: Mich beschäftigt da was. Als ich vorhin gesagt hab, ich hätte mich mit Martha verabredet, weil ich noch nichts vom Leben gehabt hätte ... so ein Arsch bin ich denn doch nicht, dass ich da als Erstes dran gedacht hätte. Hab ich nämlich nicht. Klar, es war mit das Erste, aber wissen Sie – sechs Wochen! Ich hatte mir für mein Leben noch allerlei vorgenommen, aber in sechs Wochen ist das wohl kaum zu schaffen. Ich werde nicht an der Filmakademie studieren, und ich werde keine Kinder haben, und ich werde nicht quer durch die USA fahren; Sex ist da wenigstens erreichbar. Und es ist auch nicht so, als hätte ich nach dem erstbesten Knackarsch Ausschau gehalten. Ich mag Martha wirklich sehr. Sogar wenn ... Aber damit fang ich lieber gar nicht erst an. Das hier ist schließlich das Happy End, nicht wahr?

Jedenfalls. Es ging dann ganz natürlich weiter. Sie hörte auf zu weinen, und wir redeten und versuchten zu verstehen, was passiert war. Martha kennt sich bei dem ganzen Mist besser aus als ich; sie sagte, das Ganze wäre schon jetzt, in der Gegenwart, eine ziemlich verfahrene Situation, aber weil das alles in Ländern am anderen

Ende der Welt passierte, hatte ich nichts davon mitgekriegt. Ich hab Basketball gesehen, nicht die Nachrichten. Und dann hatten wir ein echt trauriges Gespräch über all das, worüber ich mir schon Gedanken gemacht hatte – was wir verpassen und was wir nie machen würden ...

Genau genommen, hat sie es vorgeschlagen, nicht ich. Ich schwöre. Ich meine, ich hätte eh nicht Nein gesagt, aber es war ihre Idee. Sie wollte, dass wir da gut drin werden, und das würden wir nur, wenn wir praktisch auf der Stelle anfingen. (Das hatte sie übrigens schon vorher gesagt. Nicht als Reaktion auf irgendwas, falls Sie das jetzt glauben.) Also checkte ich, ob Mom weg war, und dann küssten wir uns und zogen uns aus, legten uns in mein Bett und schliefen miteinander. Die Folgen waren uns egal. Eine Geschlechtskrankheit können wir beide nicht haben, und wenn sie schwanger wird, soll uns das nur recht sein. Aus offensichtlichen Gründen hätten wir gern ein Kind.

Ja, und das war's dann. Damit wären Sie auf dem Laufenden, wer immer Sie sind. Martha und ich sind die ganze Zeit zusammen, und am Wochenende fahren wir jetzt zusammen weg; Mom werd ich erzählen, dass ich Dad besuchen will, und sie hat für ihre Eltern eine andere Ausrede, und dann fahren wir irgendwie irgendwohin. Und dann haben wir auf der Liste wieder was abgehakt – wir werden eine ganze Nacht zusammen verbracht haben. Das ist vielleicht nicht das Happy End, das Sie erhofft hatten, aber wahrscheinlich hatten Sie auch gar kein Happy End erhofft, weil Sie ja von der Zeit des weißen Rauschens wissen. Außer Sie lesen das hier in den nächsten sechs Wochen, aber ich werd den Teufel tun und das irgendwem zeigen. Wie ist es denn da so, wo Sie sind? Haben die Menschen ihre Lektion gelernt? Wie war die Serie mit dem acht Zentimeter großen Rockstar? Vielleicht wurde sie ja abgesetzt.

# NIPPLEJESUS

Sie haben mir nicht erklärt, worum es ging, und auch nicht, warum sie dafür ausgerechnet einen wie mich brauchten. Hätten sie's getan, hätte ich den Scheißjob ehrlich gesagt wohl nie angenommen. Und wäre ich schlau gewesen, hätte ich sie gleich am ersten Tag gefragt, denn wenn ich jetzt darüber nachdenke, hätte mich eins schon stutzig machen müssen: Wir waren alle in so 'ne Art Aufenthaltsraum gesetzt worden, bekamen erklärt, was wir zu tun und zu lassen hatten, und mir war die ganze Zeit nicht aufgefallen, dass ich so ziemlich der einzige Mann unter sechzig war, den sie eingestellt hatten. Da waren ein paar ältere Frauen und jede Menge alter Knacker, so ehemalige Army-Typen im Vorruhestand, aber nur einer in meinem Alter, und das war ein kleiner afrikanischer Kerl, Geoffrey, der aussah, als würde er sofort abhauen, wenn mal was passiert. Aber manchmal vergesse ich, wie ich aussehe, versteht ihr? Ich saß da und hörte zu, was diese Frau über das Fotografieren mit Blitz erzählte, wie nah die Leute randürfen und solche Sachen, und ich war mehr Kopf als Körper, so in der Art, denn das ist man doch, wenn man jemandem zuhört, oder? Ein Kopf. Ein Gehirn, kein Körper. Aber das Entscheidende bei mir – weswegen ich hier an diesem Ort war, um diesen Job zu kriegen – ist, dass ich eins achtundachtzig groß bin und fünfundneunzig Kilo wiege. Nicht nur das, ich seh auch ... na ja, handfest aus, sag ich mal. Ich sehe aus, als käme ich ganz gut allein klar mit den ganzen Tattoos, dem kahl rasierten Kopf und so. Aber manchmal vergesse ich das. Ich vergesse es nicht, wenn ich so eine kleine Arschgeige vor einem Club ins Visier nehme, irgendeinen Neunzehnjährigen im Zweihundert-Eier-Jackett, der seine Freundin damit beeindrucken will, dass er mich blöd anmacht; aber wenn ich Fernsehen gucke, eine Dokumentation oder so, oder wenn ich die Kinder ins Bett bringe oder lese, dann denk ich nicht gerade, meine Fresse, bin ich ein schwerer Brocken. Jedenfalls, als ich dieser Frau zuhörte, dachte ich nicht daran, und als sie mir sagte, ich würd im Southern-Fried-Chicken-Flügel auf

Nummer 49 aufpassen, kam ich nicht auf die Idee zu fragen: »Wieso gerade ich? Wieso brauchen Sie im Südflügel einen großen Kerl?« Ich latschte einfach raus. Wie ein Trottel. Mir kam keine Sekunde der Gedanke, das könnte eine Art Spezialauftrag für mich sein.

Ich hab diesen Job angenommen, weil ich Linda versprochen hab, die Nachtarbeit im Club aufzugeben. Es waren nicht mal unbedingt die Arbeitszeiten – montags bis donnerstags von zehn bis drei, freitags und samstags zehn bis fünf und sonntags Ruhetag. Ja, okay, die Wochenenden waren hinüber, und die Kinder sah ich morgens auch nie, aber ich konnte sie von der Schule abholen, ihnen ihren Tee machen, und Lisa musste sich nicht um eine Tagesmutter oder so kümmern. Sie arbeitet bei einem Zahnarzt in der Nähe der Harley Street, anständiger Job, netter Chef, gutes Gehalt, geregelte Arbeitszeiten, und ich den ganzen Tag zu Hause, das klappte schon. Ich meine, ideal war's nicht, weil ich sie kaum zu sehen kriegte – wenn die Kurzen im Bett waren und wir was gegessen hatten, war für mich schon Zeit, in den Smoking zu steigen und aufzubrechen. Aber wir beide wussten irgendwie, dass das nur vorübergehend war, und ich ja irgendwann doch was anderes machen würde, auch wenn ich keinen Schimmer hatte, was. Hab da nie richtig drüber nachgedacht. Manchmal fragt sie mich, was ich tun würde, wenn ich es mir aussuchen könnte, und ich sag dann immer, ich wär gern Tiger Woods – jede Woche ein paar Millionen Dollar machen, nachmittags den Golfball in Spanien oder Florida rumschubsen, dralle Blondinen (diesen Teil lasse ich allerdings immer aus). Sie sagt dann, nein, im Ernst, und ich sag, das ist mein Ernst, und sie, nein, du musst schon realistisch bleiben. Ich sag, was ist dann der Witz an diesem Spiel? Du fragst mich, was ich tun würde, wenn ich es mir aussuchen könnte, und wenn ich's dir sage, kommst du und sagst mir, ich könnte es mir Scheiße noch mal nicht aussuchen! Was willst du eigentlich hören? Und dann meint sie, du bist zu alt, um Profigolfer zu werden – und da hat sie recht, ich bin mittlerweile achtunddreißig –, und du rauchst zu viel. (Als ob man dieses beschissene Golf nicht spielen könnte, wenn man raucht.) Such dir was anderes aus. Und ich sage, okay, dann wäre ich eben dieser blöde Richard Branson. Und sie wieder, aber du kannst nicht auf einen Schlag Richard Branson sein. Du musst zuerst irgendwas tun. Und ich sag, okay, dann bin ich vorher Türsteher. Und sie gibt auf. Ich weiß, sie meint es gut und will, dass ich mir Gedanken über mein Leben und das Älterwerden und alles mache, aber die Wahrheit ist, ich bin achtunddreißig, hab keine Ausbildung und keine Qualifikationen und kann von Glück reden, wenn ich den Job kriege, Koksnasen vor einem Club eins auf die Nuss zu geben. Lisa ist großartig, und wenn man es genau bedenkt, zeigt schon ihre Frage, dass sie mich liebt und Gott weiß was von mir hält, sie glaubt wirklich, ich könnte es mir aussuchen, und dass andere genauso viel Vertrauen in mich setzen würden wie sie. Sie hätte gern, dass ich sage, och, ich würd gern einen Heimwerkerladen eröffnen oder wär gerne Buchhalter, und am nächsten Tag kommt sie dann mit einem Haufen Broschüren an, aber ich will keinen Heimwerkerladen und ich will auch nicht Buchhalter sein. Ich kenne meine Vorzüge: Meine Gabe ist meine Größe, und ich mache das Beste draus. Wenn irgendjemand Lisa fragt, was ich beruflich mache, sagt sie immer Sicherheitsbeauftragter, wenn ich das mitkriege, lache ich und sage, ich bin Türsteher. Ich weiß nicht, was sie jetzt erzählen wird. Wahrscheinlich, ich wäre Kunstexperte. Wartet's nur ab. Gebt ihr zwei Wochen, und sie verlangt von mir, dass ich an Antiques Roadshow schreibe. Manchmal weiß ich wirklich nicht, auf welchem Planeten sie lebt. Ich glaube, das hat was mit dem Zahnarzt zu tun. Da trifft sie all diese Leute mit reichlich Kohle, und dabei ist die Hälfte von denen genauso dumm wie ich, und dann weiß sie nicht mehr, was möglich ist und was nicht.

Aber wie gesagt, es lag nicht an den Arbeitszeiten im Club. In letzter Zeit gab es da ein paar unangenehme Situationen, und ich hatte ihr davon erzählt, weil sie mir Angst gemacht hatten, also tickt sie logischerweise aus, und ich habe versprochen aufzuhören. Das Problem ist nämlich, es spielt keine Rolle, wie gut du mit den Fäusten umgehen kannst, klar? Ich meine, die Hälfte der Jüngelchen, die ins Casablanca gehen, könnte ich mit einer Hand erledigen, und wenn man das kann ... ich will's mal so sagen: 'Ne frische Unterhose brauche ich nicht besonders oft. (Ich wechsel sie trotzdem jeden Tag, nur falls jemand denkt, ich wär ein unhygienisches Stinktier.) Aber heutzutage haben alle was einzustecken. Keiner sagt mehr, dir verpass ich eine. Alle sagen: Dich schlitz ich auf, oder: Dich stech ich ab, und ich sag, ja, ja, und dann holen sie raus, was sie dabeihaben, und du denkst, verdammte Scheiße, jetzt ist Schluss mit lustig. Weil, ich meine, was kannst du schon machen, wenn einer ein Messer dabeihat? Nichts. Vor einem Monat jedenfalls hab ich dieses fiese, kleine Stück aus dem Club geworfen, weil er einem Mädchen, das mit ihren Freundinnen da war, zu sehr auf die Pelle gerückt war. Und um ehrlich zu sein, habe ich ihm wahrscheinlich eine mehr verpasst als unbedingt nötig, weil er mir tierisch auf den Senkel ging. Und als Nächstes merke ich, dass er dieses ... dieses Ding rausholt, diesen ... ich habe so was vorher noch nie gesehen, aber es war so was wie ein Eisendorn, knapp fünfzehn Zentimeter lang, sauscharf und rostig, und er fängt an, damit nach mir zu stechen, und tönt, dich mach ich alle. Ich hatte Glück, denn er hatte Angst und er hielt das Ding auch ganz falsch, mit der Spitze nach unten, statt in meine Richtung, darum trat ich so fest ich konnte gegen seine Hand, er ließ es fallen, und ich krallte ihn mir. Wir riefen die Polizei, und die buchteten ihn ein, aber als sie weg waren, machte ich erst mal Feierabend. Ich hatte die Nase echt voll. Ich weiß, was die Leute denken: Die denken, wenn du dir so einen Job aussuchst, musst du mit so was rechnen, und wahrscheinlich willst du es auch nicht anders, weil du ein blöder Gorilla bist, dem es Spaß macht, anderen wehzutun. Also, das ist Schwachsinn. Es macht mir keinen Spaß, Leuten wehzutun. Eine gute Nacht im Casablanca ist für mich eine Nacht, in der überhaupt nichts passiert. Na ja, gut, wahrscheinlich kann ich ein paar Leute nicht reinlassen, weil sie minderjährig sind oder sternhagelvoll, aber ich sehe es als meinen Job an, dafür zu sorgen, dass Leute sich amüsieren können, ohne Angst vor Arschlöchern haben zu müssen. Ehrlich. Na gut, ich bin nicht Mutter Theresa, ich vollbringe keine guten Taten oder rette die Welt, aber so gesehen ist das gar nicht mal so ein beschissener Job. Aber ich habe eine Familie. Es geht nicht, dass mir Leute um zwei Uhr morgens einen verrosteten Metalldorn vor die Nase halten. Ich will nicht vor irgendeinem verwichsten Club sterben. Ich hab also Lisa davon erzählt, wir haben die Sache beredet, und ich schmiss den Job. Ich hatte Glück, dass ich nur vierzehn Tage arbeitslos war. Stütze wollten sie mir nicht zahlen, weil ich meine letzte Arbeit selbst gekündigt hatte. »Aber dieser Penner hatte einen rostigen Metalldorn«, sagte ich. »Tja, das hätten Sie mit Ihrem Arbeitgeber besprechen sollen«, sagten sie. Als ob die mir dann einen Schreibtischjob gegeben hätten. Oder dem Knaben mit dem Dorn eine schriftliche Verwarnung. Es war aber auch nicht weiter schlimm, weil ich diesen Job hier eigentlich gleich gefunden habe, über eine Arbeitsvermittlung. Es gibt viel weniger Geld, aber die Arbeitszeiten sind besser. Ich war echt zufrieden. Wie schwierig kann's schon sein, vor einem Bild rumzustehen, dachte ich.

So weit, so gut. Wir hatten diese Einführungsrunde, und dann wurden wir durch die Galerie an unsere Plätze geführt. Unterwegs versuchte ich mich zu erinnern, ob ich schon mal in einer Kunstgalerie gewesen war. Man sollte meinen, so was wüsste man, aber das Problem ist, dass Kunstgalerien genauso aussehen, wie man sie sich vorstellt – jede Menge Flure mit Bildern an den Wänden und rumschlendernde Leute. Woher soll ich also wissen, ob ich schon mal in einer gewesen bin? Ich meine, ja, aber vielleicht habe ich auch nur eine im Fernsehen gesehen oder im Kino – war da nicht eine Szene in *Dressed to Kill,* wo dieser Typ versucht, sie aufzureißen, und sie sich immer in anderen Räumen treffen? Eins kann ich allerdings mit Sicherheit sagen: Richtig viel Spaß habe ich nie in einer Galerie gehabt. Wenn ich jemals in einer war, dann auf einem Schulausflug, und ich war angeödet bis zum Gehtnichtmehr, wie so ziemlich auf jedem Schulausflug, auf den man mich je geschleppt hat. Der einzige, an den ich mich noch erinnere, ging zu irgendwelchen römischen Ruinen, und ich klaute ein paar Steinchen aus diesem Mosaikding. Ich stand ganz am Rand und trat ein paar mit dem Fuß los, und während der Lehrer redete, hockte ich mich hin, als ob ich meinen Schuh zumachen wollte, und ließ sie in meiner

Tasche verschwinden. Als wir wieder im Bus waren, zeigte ich den anderen Jungs, was ich gemacht hatte, und es stellte sich raus, dass alle das Gleiche gemacht hatten und wir den halben beschissenen Fußboden in den Händen hielten. Und da kam auch schon der Typ, der in dem Laden die Aufsicht hatte, hinter unserem Bus hergerannt, und wir mussten alle nach vorne kommen und das, was wir geklaut hatten, in eine Plastiktüte packen. Das hat uns jede Menge Ärger eingebracht. Egal, ich glaube jedenfalls, wir waren auch mal in einer Kunstgalerie, aber daran erinnere ich mich nicht, weil keiner mit einem Gemälde unterm Arm abgehauen ist.

Es ist bloß so, dass diese Galerie in den ersten Räumen wie eine ganz normale Galerie ist – mit Bildern von Obst und so –, und dann fängt's an, merkwürdig zu werden. Zuerst gingen wir durch ein paar Räume, wo die Bilder gar nichts darstellten, nur so Kleckse, und als wir dann in unseren Teil kamen, die neue Ausstellung, waren überhaupt keine Bilder mehr da. Überall waren Stücke von Tieren, dann ein Zelt, Pingpongbälle, die auf einem Luftgebläse hüpfen, ein kleines Haus aus Beton und Videos mit Leuten, die Gedichte vorlesen. Es sieht eher wie der Tag der offenen Tür in der Schule als wie eine Kunstgalerie aus. Biologie hier, Physik da, Englisch ganz hinten, Informatik neben den Toiletten ... »Das hätt ich alles selber machen können«, sagte Tommy, ein mies gelaunter alter Sack, der schon gezetert hatte, weil ihm die Kaffeepause zu kurz war. »Ja, jetzt könntest du's, du alte Fotze«, sagte ich zu ihm. »Jetzt, wo du die Sachen gesehen hast. Das kann jeder. Aber du bist nicht drauf gekommen. Also kommst du zu spät.« Ich war zufrieden damit. Ich hab das von einem Lehrer in der Schule geklaut, bis auf »du alte Fotze«. Das ist von mir. Wir hatten da ein Gedicht in der Schule gelesen, und einer hatte genau das Gleiche gesagt wie Tommy: »Das hätte ich auch schreiben können.« Weil es ein einfaches Gedicht war. Es war kurz, wir kannten alle Ausdrücke, und es reimte sich nicht. Und der Lehrer sagte: »Nein, hättest du nicht. Jetzt könntest du es, weil du es nur nachzumachen brauchst. Aber du bist nicht selbst drauf gekommen.« Ich fand das ziemlich schlau. Wie auch immer, Tommy hat jedenfalls nicht mehr mit mir geredet, seit ich ihn eine alte Fotze genannt hab, und das kann mir nur recht sein.

Mir scheißegal, ob das Kunst ist oder wer was auch könnte. Hauptsache, dass sie nicht langweilig ist, unsere Galerie. Die anderen Räume, die mit den gemalten Kühen, die sind langweilig. Aber unsere Räume, die mit den echten, klein geschnittenen Kühen drin, die sind's nicht. Irgendwas muss da ja dran sein, oder? Bei allem funktioniert das aber nicht, so viel kapiere ich. Ich meine, mit Kühen und Zelten und kleinen Häusern geht's, aber es würde nicht bei, na, zum Beispiel einem beschissenen Fluss funktionieren. Von dem müsste man immer noch ein Bild malen.

Egal. Unser Trupp wurde kleiner und kleiner, weil die Frau, die uns an unsere Plätze brachte, uns sozusagen einfach absetzte, als führen wir bei ihr im Bus mit. Und wie sich rausstellte, war ich ihr letzter Passagier. Wie damals, als Lisa und ich eine dubiose Pauschalreise nach Spanien gebucht hatten, vor Urzeiten, bevor die Kinder kamen; ein Bus holte uns am Flughafen ab, und die ganzen anderen Idioten wurden vor uns an ihren Hotels abgesetzt, weil unser Hotel nämlich, wie sich rausstellte, zwei Meilen von diesem beschissenen Strand weg lag. Mit meinem Bild war es so ähnlich. Es hing in einem eigenen Raum, und vor dem Eingang hing ein Vorhang, der es von den anderen abtrennte. Draußen war ein Schild angebracht, auf dem stand: »ACHTUNG! In diesem Raum befindet sich ein Kunstwerk von kontroversem Charakter. Bitte treten Sie nicht ein, wenn Sie befürchten, in Ihrem moralischen und religiösen Empfinden verletzt zu werden. Kein Zutritt unter 18.« Die Frau sagte nichts dazu. Sie ging einfach darüber hinweg – ob ich Anstoß nehmen könnte, interessierte sie nicht.

»Hier ist Ihr Platz«, sagte sie. »Passen Sie auf. Wir rechnen mit massiven Problemen.« Und dann ging sie.

Ich ging durch den Vorhang, und hinten an der anderen Wand hing ein riesiges Bild von Jesus. Ich würd mal sagen, knapp drei Meter hoch und eins fünfzig bis zwei Meter breit, so um den Dreh. Irgendwie sieht es so aus wie die Bilder, die man kennt – die Augen zu, die altbekannte Dornenkrone auf dem Kopf. Da, wo er schon am Kreuz hängt. Es ist so eine Art Nahaufnahme, Kopf und Schultern, darum sieht man nur ein kleines Stück vom Kreuz, aber was dieses Bild hat, was die normalen nicht haben – jedenfalls seh ich das so –, ist, dass man richtig sehen kann, wie verdammt weh das getan haben muss, da angenagelt zu werden. Normalerweise sieht es aus, als würde er ein Schläfchen machen, aber bei dem hier ist sein Gesicht völlig schmerzverzerrt. Man möchte echt nicht an seiner Stelle sein, das kann ich euch sagen. Darum dachte ich auch zuerst, Mann, ein verdammt gutes Bild. Weil es einen zum Nachdenken bringt, und ich denke nicht oft über so was nach. Mit Jesus hatte ich nichts mehr am Hut, seit Lisas Schwester vor drei Jahren geheiratet hat.

Mein zweiter Gedanke war – das mit dem Schild und dem Vorhang und so hatte ich für einen Moment ganz vergessen –, wer zum Henker kann an so was Anstoß nehmen? Man kann ja schließlich in jeder Kirche so was sehen. Vielleicht nicht so realistisch, eher so was wie »nur in Begleitung Erwachsener« als »ab 18«, aber im Grunde ist es doch dieselbe Geschichte: Bart und Dornenkrone, traurig eben. Weil man aus der Entfernung nämlich nicht sehen kann, wie es gemacht ist. Wenn man durch den Vorhang kommt, sieht man nur das Bild und das Gesicht. Man muss schon richtig nah rangehen, um mehr zu erkennen. Deswegen verstand ich zuerst nicht, was das Getue sollte. Ich dachte bloß: Die Religiösen. Alles Bekloppte, die meisten jedenfalls, oder? Ich meine, jeder nach seiner Fasson und so, aber man würde keinen von denen heiraten wollen, oder?

Vor dem Bild stand ein Stuhl, und ich ging hin, um mich kurz zu setzen. Und als ich näher kam, sah ich, dass das Bild aus Hunderten – Tausenden, vielleicht Millionen kleiner Quadrate bestand, wie diese Mosaiksteinchen, die ich aus den römischen Ruinen geklaut hatte. Als ich dann richtig nah dran war, konnte ich erkennen, dass diese Zigmillionen kleinen Quadrate in Wirklichkeit Bilder waren, und jedes dieser kleinen Bilder zeigte mindestens eine weibliche Brust. Also ... kennt ihr diese Bilder, die aus Punkten zusammengesetzt sind? Genauso war dieses Jesusbild gemacht, nur dass alle Punkte Brustwarzen waren, Nippel. Und genauso hieß auch das Bild – *NippleJesus*. Da waren große Brüste und kleine Brüste, große Nippel und kleine Nippel und schwarze Brüste und weiße Brüste. In manchen der Bilder waren bis zu vier Brüste zu sehen, und da erkannte ich dann, dass all diese Bilder Fotos aus Pornoheften waren, und der Typ hatte alle ausgeschnitten und aufgeklebt. Dafür muss er Jahre gebraucht haben. Jetzt verstand ich, wozu das Schild da hing.

Da hasste ich das Bild. Zwei Minuten früher hatte es mir noch gefallen, jetzt hasste ich es. Und den Typ, der es gemacht hatte, hasste ich auch. Wichser. Ich ging gucken, wie der Künstler hieß, und stellte fest, dass es eine Frau war. Martha Marsharn. Wie kann eine Frau so was tun?, dachte ich. Ich hätte ja noch verstanden, wenn es ein Typ gewesen wär, irgendein Typ, der zu viele Pornohefte und keine Freundin hat. Aber eine Frau? Und ich hoffte, dass es jemand schaffen würde, das Bild irgendwie kaputt zu machen, und wenn das passiert, sagte ich mir, würde ich nicht versuchen, ihn davon abzuhalten. Vielleicht würde ich sogar helfen. Denn das ist wohl wirklich anstößig, oder? Ein Jesus aus Nippeln? Das ist nicht in Ordnung.

Eins hab ich vergessen zu sagen, das war so gegen sechs Uhr abends, und die Ausstellung war offiziell noch gar nicht eröffnet. Sie würde erst am nächsten Tag öffnen, aber wir waren schon für die Vernissage bestellt. Ich guckte tatsächlich noch immer die kleinen Bildchen an, als die ersten Leute reinkamen, mit Weingläsern in den Händen. Ich kam mir etwas blöd vor, so als wär ich dabei erwischt worden, wie ich mir schmutzige Bilder ansah, was ich ja tatsächlich tat, wenn man's genau nimmt. Und auch wenn nicht. Ich hörte sofort auf zu gucken und stellte mich hinter den Stuhl, Hände auf den Rücken, Augen geradeaus, als stände ich Wache, während sich diese Leute, ein Mann und eine Frau, das Bild anguckten.

»Es ist ganz hübsch, nicht?«, sagte die Frau. Sie war so in meinem Alter, kurzes Haar, piekfein.

»Findest du?« Der Typ schien sich nicht so sicher zu sein, daher beschloss ich, ihn sympathischer zu finden als sie, obwohl er eine Föhnfrisur hatte und Anzug und Hosenträger trug.

»Meinst du nicht?«

Er zuckte die Achseln, und sie gingen wieder. Es war überhaupt nicht so ein Zeugs wie das, was in den Comedy-Serien aufs Korn genommen wird, wo sich die Leute das Kinn reiben und Scheiße labern. (So ist es nie, wie ich aus eigener – mittlerweile zweitägiger – Erfahrung sagen kann. Die meisten Leute sagen kaum was. Sie gucken und gehen wieder. Ich schätze, sie haben Angst davor, Scheiß zu labern, was mich total nervt, denn wenn ich erst mal eine Weile da sitze, will ich genau diesen Scheiß hören. Irgendwas, worüber ich lachen kann. Aber es kommt nichts.) Das nächste Pärchen war jünger, Anfang zwanzig, so Studententypen, und die interessierten sich mehr für mich als für das Bild.

»Ach du Scheiße«, sagte der Typ.

»Was?«

»Guck dir den an.«

Worauf das Mädchen mich anguckte und lachte. Als wäre ich Teil der Ausstellung und könnte nicht hören, was sie sagen.

»Na ja«, sagte sie. »Man kann's ihnen nicht verdenken.«

Und dann gingen auch sie wieder. Mittlerweile begann mir diese Martha ein bisschen leidzutun. Ich meine, da arbeitest du ewig und drei Tage an so einem Ding, und dann kommen die Leute, glotzen mich an, lachen und verpissen sich wieder. Ich könnte die Hälfte ihrer Tantiemen, oder was sie da kriegt, verlangen.

Im selben Augenblick, in dem die Studenten gingen, flog der Vorhang zurück, ich hörte eine Frauenstimme »Ta-da!« rufen, und ein ganzer Pulk Leute kam rein – zwei jüngere Typen, ein älteres Pärchen und eine junge Frau.

»Oh, Martha«, sagte die ältere Frau. »Das ist sagenhaft. Das wird sie aufscheuchen.« Ich sah mir also die Gruppe an und dachte mir sofort, dass das ihre Mum und ihr Dad waren, ihr Freund und vielleicht ihr Bruder. Martha ist um die dreißig und sieht eigentlich nicht so aus, wie ich erwartet hatte – keine gefärbten Haare, keine gepiercte Nase, nichts in der Art. Sie sieht wirklich normal aus. Sie trug einen langen, grünen, indischen Rock und etwas, das wie ein Männerjackett mit Nadelstreifen aussah, und sie hatte lange Haare, aber ... sie sieht nett aus. Freundlich.

Einen Moment lang fragte ich mich, ob ihre Mum und ihr Dad über die Brustwarzen und so Bescheid wussten, denn mir gefiel das Bild ja auch zuerst, als ich reinkam. Aber dann wurde mir klar, dass das dumm war, sie würde ihnen, ehe sie hergekommen waren, oder schon vor Ewigkeiten, davon erzählt haben. Was für Eltern sind das wohl? Ich weiß, was mir geblüht hätte, wenn ich meinem Dad erzählt hätte, ich würde ein Jesusbild aus Frauenbrüsten machen. Die Brüste hätte er wahrscheinlich sehen wollen, aber für den Teil mit Jesus hätte er mir eine Abreibung verpasst. Ich guck also Marthas Mum und Dad genauer an, um zu sehen, was das für welche sind. Ihr Dad ist groß, trägt Jeans und hat seine grauen Haare zu einem Pferdeschwanz gebunden, ihre Mum trägt auch Jeans, sie sieht allerdings mehr wie eine Mutter aus, er dagegen kaum wie ein Vater. Aber wie Künstler sehen sie alle aus. Sie sehen aus, als ob sie zu Hause alle Dope rauchend rumsitzen und malen. Deswegen hat ihr wahrscheinlich auch keiner eine gelangt, als sie einen Jesus aus Pornografie gemacht hat.

»Ich möchte ein Foto«, sagte Martha. »Von uns allen.« Dabei guckte sie mich an.

»Würde es Ihnen was ausmachen?«

»Nein«, sagte ich.

»Ich bin übrigens Martha.«

»Dave.«

»Hallo, Dave.« Wir schüttelten uns die Hand, und dann gab sie mir ihre Kamera, und ich machte ein Foto von ihnen allen, wie sie grinsend und winkend dastehen, und wusste nicht, ob das ganz richtig ist, bei so einem Bild. Aber in genau dem Moment wünschte ich, sie alle näher kennenlernen zu können, oder andere Leute wie sie, denn sie wirkten nett und glücklich und interessant. Ich wollte lieber einen Dad mit grauem Pferdeschwanz als den verbitterten alten Idioten, der ewig von den gottverdammten Iren und den dreckigen Schwarzen dran war; ich stellte mir vor, dass ich mit so einem Dad nicht in der Army gelandet wär, was der schlimmste Fehler war, den ich je gemacht hab.

Ich wollte ihnen Fragen stellen. Ich wollte Martha fragen, warum sie das tun wollte, was sie getan hatte, und warum es Nippel sein mussten und warum Jesus, und ob sie die Leute wirklich schockieren wollte. Und ich wollte die Eltern fragen, ob sie sich wegen ihr schämten oder ob sie stolz auf sie waren oder was. Aber ich fragte gar nichts, und aus ihren Gesprächen wurde ich auch nicht schlauer; nach den Fotos sprachen sie darüber, wo sie essen gehen sollten und ob jemand, den sie kannten, auch zur Eröffnungsparty gekommen wäre und solche Sachen. Bevor sie gingen, kam Martha zu mir, küsste mich auf die Wange und sagte: »Danke.« Und ich sag so: »Oh, gern geschehen.« Aber es freute mich wirklich, dass sie das getan hatte. Es gab mir ein gutes Gefühl, so als hätte ich eine richtig wichtige Aufgabe.

Martha lächelte, und ich war wieder allein.

Als ich abends nach der Party nach Hause kam, erzählte ich Lisa von dem Bild. Sie konnte es kaum glauben – sie meinte, das wär ekelhaft und wieso so was in einer berühmten Galerie hängen würde. Ich ertappte mich dabei, dass ich aus irgendeinem Grund für Martha Partei ergriff. Ich weiß auch nicht, wieso. Vielleicht stand ich ein bisschen auf sie, kann sein, dass mir ihre Familie gefiel – vielleicht traute ich ihnen und ließ mich von ihnen, na ja, beeinflussen. Ich wusste ja, dass sie nette Leute waren, und wenn sie an *NippleJesus* nichts Schlimmes fanden, war vielleicht auch nichts Schlimmes dran. Und davon abgesehen, das Zeug, das Lisa von sich gab ... das war schlichtweg dumm. »Du solltest es mit nach draußen nehmen und kaputt schlagen, wenn keiner hinguckt«, sagte sie. »Nach der ganzen Mühe, die sie sich damit gemacht hat?«, sagte ich.

»Das ist doch egal«, sagte sie. »Hitler hat sich auch viel Mühe gemacht.« »Was kümmert es dich?«, fragte ich sie. »Du musst ja nicht hin und es dir angucken.«

»Schon, aber allein zu wissen, dass es da hängt, stört mich«, sagte sie. »Und ich hab auch noch dafür bezahlt. Mit meinen Steuergeldern.«

Mit ihren Steuergeldern! Wie viel von ihren Steuergeldern ist denn wohl für *NippleJesus* ausgegeben worden? Sie redete wie eine von diesen Irren bei den Talk-Sendungen im Radio. Ich kramte zwei Pence aus der Hosentasche und warf sie ihr zu. »Hier«, sagte ich, »da hast du deine Steuern zurück. Und hast noch einen guten Schnitt gemacht.«

»Was stellst du dich überhaupt so an?«, fragte sie.

»Ich finde es eben gut«, sagte ich. »Clever.« Lisa fand es nicht clever. Sie fand es blöd. Und ich fand, sie war blöd, und sagte ihr das auch, und bis wir ins Bett gingen, sprachen wir nicht mehr miteinander.

Also steig ich gestern morgen in den Bus, um zur Arbeit zu fahren, und nehm mir eine Zeitung, die jemand auf dem Sitz liegen gelassen hat, und da seh ich mein Bild, groß auf Seite sieben. »PROTESTE GEGEN WIDERWÄRTIGES BILD« steht da, und dann alles Mögliche von wegen, was für eine Schande das ist, und Leute von der Kirche und den Konservativen lassen sich darüber aus, dass es verboten werden sollte, und einer von der Polizei erklärt, dass sie Martha möglicherweise vorladen und Anklage wegen der Verbreitung von Pornografie erheben würden. Ich lese das und denke, zum ersten Mal bist du in der Zeitung. Denn irgendwie geht's da um mich. Das ist mein Raum, mein privater

Bereich, und ich hab sogar schon angefangen, das Bild auf meine Art als meins zu betrachten. Außer Martha hat wahrscheinlich keiner so viel Zeit mit diesem Bild verbracht wie ich, und deswegen fühl ich mich irgendwie dafür verantwortlich. (Genau genommen ein Glück, denn gerade das ist ja mein Job.) Es passt mir nicht, dass diese Leute behaupten, es wär widerwärtig, denn das ist es zwar, aber auch wieder nicht, und es passt mir nicht, dass die Polizei Martha wegen Pornografie verklagen will, und mir gefällt die Vorstellung nicht, dass sie es aus der Ausstellung nehmen, denn vor dem Eingang steht ja, dass man nicht reingehen soll, wenn man glaubt, es könnte einem nicht gefallen. Warum dann also reingehen? Ich möchte, dass die Leute das sehen, was ich gesehen habe: etwas, das von Weitem betrachtet wundervoll ist, und häßlich, wenn man es aus der Nähe sieht. (Manchmal empfinde ich Lisa gegenüber genauso. Wenn sie ins Zimmer kommt, kurz bevor wir ausgehen, und sie hat sich geschminkt und frisiert und so, könnte man sie für ein Model halten. Und manchmal, wenn ich nachts aufwache und mich umdrehe und sie direkt vor mir sehe, und sie hat Mundgeruch und schnarcht leise, dann könnte man meinen ... Na ja, egal, was man da meinen könnte, jedenfalls käme man nicht auf die Idee, sie für ein Model zu halten. Marthas Bild ist irgendwie auch so.) Aber wenn's nach diesen Leuten ginge, würde keiner gar nichts sehen, und das kann ja wohl nicht angehen. Nicht nach der ganzen Mühe. All dem Ausschneiden und Aufkleben.

Wusstet ihr, dass man in einer Kunstausstellung nicht rauchen darf? Ich auch nicht. Verdammte Scheiße.

Als ich ankam, hatte sich draußen schon eine Menschenmenge versammelt. Die einen standen Schlange, um sich die Ausstellung anzusehen, die anderen waren Demonstranten – sie hielten Plakate hoch und sangen Kirchenlieder. Außerdem waren noch Kamerateams und Fotografen da, und alles sah ziemlich chaotisch aus. Ich drängelte mich einfach durch, klopfte an die Eingangstür und hielt meinen Ausweis an die Scheibe, und einer von den Jungs ließ mich rein.

»Du kriegst heute viel zu tun«, meinte einer von den anderen, als ich mich umziehen ging, und ich dachte, ja, da freu ich mich schon drauf.

Zuerst passierte nicht viel. Ununterbrochen kamen Leuten rein und guckten, und ein paar von ihnen schnalzten missbilligend mit der Zunge, aber das Clevere an dem Bild ist ja, dass man dicht ranmuss, um pikiert sein zu können, denn wenn man auf der anderen Seite des Raums steht, sieht man nichts weiter als das Gesicht von Jesus. Deshalb wirkten die Zungenschnalzer wie echte Deppen, denn sie müssen ganz nah rangehen, mit der Nase direkt vors Bild, um die Nippel sehen zu können, und am Ende könnte man sie für Perverse halten. Erst ignorieren sie also das Schild am Eingang, dass sie nicht reingehen sollen, dann müssen sie noch quer durch den ganzen Raum, und dann sagen sie: »Igitt, wie abstoßend.« Sie legen's also echt drauf an.

Nach ungefähr einer Stunde kam mein erster Spinner. Er sah schon wie ein Spinner aus: Büschelweise fehlten ihm Haare, als hätten ihn die Motten angefressen, er trug eine dicke Brille und zwinkerte ununterbrochen wie eine bekloppte Eule. Und wie ein Spinner angezogen war er auch: Obwohl es ein heißer Tag war, trug er einen Wintermantel mit tausend Buttons gepflastert, auf denen Sachen standen wie »FOLGT MIR NICHT – ICH WEISS AUCH NICHT WEITER« und »I'M A SUGAR PUFFS HONEY MONSTER«. Er stank und alles. Schwer zu erkennen war er also nicht. Kein Undercover-Spinner, wenn ihr versteht, was ich meine.

Er starrte das Bild ein paar Minuten lang an, dann fiel er auf die Knie und begann zu beten. So in dem Stil »Vater unser, der du bist im Himmel, deinen einzigen Sohn Jesus Christus hast du uns gegeben, auf dass wir erlöst werden, bitte ... bla bla bla«, aber das Seltsame war, dass man nicht wusste, ob er betete, weil er Christus gegenüberstand, oder ob er wie die in *Der Exorzist* betete, um die Dämonen im Raum zu vertreiben oder so. Egal, nach einer Weile reichte es mir und ich erfand eine Vorschrift.

»Es tut mir leid, Sir. Knien ist in der Galerie nicht erlaubt«, sagte ich.

»Ich bete für Ihr Seelenheil«, sagte er.

»Das mag sein, Sir, aber Knien ist hier nicht erlaubt. Kein Blitzlicht, keine Sandwiches, kein Knien.«

Er stand auf und murmelte weiter vor sich hin, darum sagte ich ihm, Beten sei auch verboten.

»Ist es Ihnen ganz egal?«, fragte er.

»Was, Sir?«

»Ist Ihnen ganz egal, wohin Sie kommen?«

»Und wohin komme ich?«

»In die Hölle, Mann! Wo Schlangen an Ihren Augäpfeln saugen und Flammen Ihre Eingeweide verzehren werden bis in alle Ewigkeit!«

»Nicht wirklich, Sir.« Was ich damit meinte, war, dass ich nicht glaubte, in die Hölle zu kommen. Jedenfalls nicht, weil ich vor einem Bild stand.

Diesen Weg mit den Augäpfeln möchte man wirklich nicht gehen, oder? Das klingt nicht besonders ... heiter, wie? Ich meine, wie wäre es wohl, dieser Penner zu sein? Und was hatte der hier verloren? Lief einfach so rum und suchte nach irgendwas, was ihn blinzeln, auf die Knie fallen und vor sich hin murmeln ließ? Verbringt er sein ganzes Leben damit, in Soho und am King's Cross herumzulaufen? Wenn ja, dann kein Wunder, dass er ein Spinner ist. Wenn man sich nie Zeit nimmt, mit seinen Kindern zu spielen (und ihr könnt mir glauben, der Typ hat keine Kinder), mit den Kumpels einen trinken zu gehen (und ich wette, seine Kumpels sind auch eher dünn gesät) oder *Frasier* zu gucken (ich mag *Frasier*) ... dann endet man wie er, oder?

Gerade als ich überlegte, was ich mit ihm anstellen soll, kamen ein paar Frauen rein, und er zischte ab, und für eine Weile blieb es ruhig. Aber kurz vor meiner Mittagspause, gerade als ich dachte, das würde doch noch ein Tag ohne Krawall werden, kam ein Typ mit Priesterkragen rein. Ein verdammter Pfarrer! Er war jünger als die meisten Pfarrer, auch ein bisschen trendiger – er hatte so eine schlaffe Hugh-Grant-Frisur und Jeans an. Er kam rein, blieb stehen und glotzte, und da ich mittlerweile alle Blickwinkel und Entfernungen kannte, wusste ich, dass er von dort, wo er stand, nichts sehen konnte. Genauer gesagt: Er konnte Christus sehen, aber nicht die Nippel. Als er dann auf das Bild zuging, ging ich auf ihn zu, um mich ihm in den Weg zu stellen, und wir standen uns beinahe Nase an Nase gegenüber.

»Warum wollen Sie das tun, Hochwürden?«, fragte ich ihn. »Warum bleiben Sie nicht dort stehen, wo Sie waren?«

»Ich muss mir selbst ein Urteil bilden«, sagte er.

»Sie wissen doch, was da ist«, sagte ich. »Mittlerweile weiß jeder, was da ist. Warum müssen Sie dann noch hingehen und es sich angucken? Bleiben Sie da, wo Sie sind. Schauen Sie. Es ist wunderschön.«

»Wie kann etwas, das aus Pornografie entstanden ist, wunderschön sein?«

Im ersten Moment war ich drauf und dran, eine ganz andere Diskussion anzufangen. Das ist keine Pornografie, wollte ich ihm sagen. Das ist nur so Seite-3-Zeug. Porno ist das, was wir uns in der Army angesehen haben, mit Hunden und Lesben mit Dildos und so, aber mit einem Pfarrer will man ja nicht über Hundesex reden, oder? Ich jedenfalls nicht.

Er wich nach rechts aus, um an mir vorbeizukommen, also bewegte ich mich nach links, und dann tanzten wir die Nummer noch mal andersrum. Mittlerweile wurde er ärgerlich, und schließlich musste ich ihn durchlassen, sonst wäre das Ganze ausgeartet, und ich wär dann rausgeflogen, weil ich ihn umgenietet hätte.

»Endlich zufrieden?«, fragte ich, nachdem er eine Weile davorgestanden hatte.

»Was meinen Sie, warum hat sie das gemacht?«

»Wenn ich das wüsste, Hochwürden. Aber sie ist eine sehr nette, junge Dame.«

»Das macht es noch trauriger.«

Für mich aber nicht, dachte ich. Wäre es von einem schmierigen alten Sack gewesen, dessen Hobby es war, Frauen unter den Rock zu gucken, wär das eine Sache, aber wenn man gesehen hat, wie Martha ist, was für ein Mensch sie ist, ist das was anderes. Irgendwie vertraut man ihr und dem, was sie tut und warum. Ich jedenfalls. Mir ist klar, dass es nicht jedem so gehen muss. Dem Spinner zum Beispiel wär das völlig egal.

»Ich glaube, Sie sind jetzt lange genug hier drin gewesen«, sagte ich dem Pfarrer. Dazu hatte ich natürlich überhaupt kein Recht, aber ehrlich gesagt, ich hatte genug von ihm, und ich wollte ihn nicht länger in meinem Raum haben.

»Wie bitte?«

»Wir sind angewiesen, auf Leute zu achten, die länger als fünf Minuten hier drinbleiben. Sie wissen schon, Perverse und so.« Das wirkte.

Keine Frage, hätt ich von *NippleJesus* bloß in der Zeitung gelesen oder was in den Nachrichten gesehen, ich hätte es für verkehrt gehalten. Krank. Dumm. Eine Verschwendung unserer Steuergelder. (Das sagt man ja immer, auch wenn man keine Ahnung hat, ob Steuergelder dafür ausgegeben wurden, ganz egal, oder?) Und dann hätte ich wahrscheinlich nicht mehr drüber nachgedacht. Aber wenn man tatsächlich jeden Tag danebensteht, wird es komplizierter. Ehrlich gesagt, weiß ich noch immer nicht, was ich davon halten soll, aber das Tolle an dem Spinner und dem perversen Pfarrer und den ganzen anderen Leuten, die an diesem ersten Morgen gucken kamen, ist, dass sie einem die Entscheidung abnehmen, auf wessen Seite man ist. Auf ihrer Seite steh ich schon mal nicht, das ist sicher, und je länger ich es mit diesen Wichsern aushalten muss, desto mehr hasse ich sie. Ehrlich, so einfach ist das. Die Netten mögen das Bild und kapieren es; sie gucken, wie es gemacht ist, und sehen aus diesem Grund so genau hin; die Ekelhaften kommen rein, starren stundenlang die Titten an, meckern sich gegenseitig was vor (oder vor sich hin, wenn sie ganz bescheuert sind) ... Man muss gar nicht rausfinden, was man selbst denkt. Man muss nur drauf achten, was andere Leute denken.

Wenn dir ihre Nasen nicht gefallen, denk das Gegenteil.

Kaum war der Pfarrer weg, tauchte ein ganzer verdammter Zoo hier auf. Ein paar von den Affen erkannte ich: Da war eine Politikerin, die ich garantiert schon mal im Fernsehen gesehen hatte, diese dicke, die sich immer über Familie und so auslässt, und sie hatte ein Kamerateam mitgebracht. Der Interviewer war dieser Typ, der die Lokalnachrichten auf BBC macht. Kennt ihr wahrscheinlich auch – aalglatt, todschicke Anzüge, Sonnenstudiobräune. Egal, ihr hättet die Frau hören müssen. Sie sagte, Martha gehöre ins Gefängnis, die Leute, die die Ausstellung organisiert hätten, müssten – ich weiß nicht was – ihre Lizenz verlieren oder so ... Und dieser aalglatte Kerl stachelte sie auch noch an. »Sie haben sich immer für den vorrangigen Schutz von Ehe und Familie eingesetzt, und solche Dinge sind Ihrer Sache vermutlich nicht gerade förderlich ...« Zeugs in der Art eben. Als sie fertig waren, schlenderte ich zu dem Interviewer hin und redete ein Wörtchen mit ihm, bloß, um ihn ein bisschen aufzuziehen.

»So«, meinte ich, »da werden Sie ja wohl noch jemand anderen zu Wort kommen lassen, was?«

»Wie meinen Sie das?«

»Na ja, Sie können doch nicht bloß sie bringen.« Sie stand gerade mal einen halben Meter von uns weg und bekam ihr Mikrofon abgenommen, darum wusste ich, dass sie mich hörte. Sie drehte sich um und sah mich an.

»Wir werden auch mit der Künstlerin sprechen«, sagte der Moderator. »Sie muss jeden Moment hier sein.«

»Haben Sie auch eine Nahaufnahme vom Bild?«

»Ich denke schon«, sagte er. Total sarkastisch, als wäre ich blöd.

»Das heißt, Sie wollen Tausende von Brustwarzen in den Regionalnachrichten zeigen? Meine Kinder gucken sich das an!«

»Ach, tun sie das?« sagte er, als würde er mir nicht glauben. Als könnte einer mit kahl rasiertem Kopf keine Kinder haben, die was anderes als Fußball gucken. Unverschämter Arsch. Okay, meine Kinder sehen keine Nachrichten, aber nur, weil sie zu klein sind und nicht zu blöd. Wichser.

Als Martha auftauchte, merkte ich, dass ich ein bisschen verknallt in sie war. Sie sah toll aus – frisch und freundlich und jung, und sie hatte so ein hellgrünes T-Shirt an, das diese Frische noch unterstrich. Die Politikerin trug ein dunkles Kostüm und hatte sowieso ein kantiges Gesicht, darum sah sie neben Martha alt und grausam aus. Sie sagte Hallo zu mir und fragte, wie's ginge, und ich erzählte ihr von dem Spinner und dem Pfarrer, worüber sie nur grinste.

Der Moderator mochte sie nicht, das merkte ich gleich. Er fragte sie, ob es ihr egal sei, dass sie so viele Leute brüskiert hätte, und sie sagte, sie glaube nicht, dass sie das getan hätte, höchstens ein oder zwei. Dann fragte er, was das Bild ausdrücken solle, und sie sagte, dass sie das nicht erklären wolle, es würde sich von selbst erklären, und wenn sie jedem erklären wollte, was es aussagt, hätte sie es auch einfach hinschreiben können, anstatt mühevoll die ganzen vielen Brustwarzen aufzukleben. Und der Interviewer sagte dann: »Tja, manche Leute finden, diese Mühe hätten Sie sich wirklich sparen können«, und sie sagte: »Tja, es ist ein freies Land.«

Um ehrlich zu sein, ich war enttäuscht. Ich hatte gehofft, sie würde darüber sprechen, wie schön das Bild war – wie heilig oder so. Und ich wünschte, sie hätte erklärt, dass man ganz, ganz dicht ran muss, wenn man die Nippel sehen will, so nah wie der Pfarrer, und dass man ja ein schöner Pfarrer wäre, wenn man so was wollte. Und ich hätte auch gerne gewusst, warum sie es gemacht hatte. Ich meine, sie muss damit ja eine bestimmte Idee verfolgen, oder? Es muss eine Aussage oder so was haben. Das ist ja nichts, was man mal einfach so macht, oder? Ihr wisst schon: »Was mach ich denn bloß mit den vielen Brüsten, die ich ausgeschnitten hab? Ach, da könnte ich ja auch ein Jesusbild draus machen …«

Vielleicht hätten sie besser mich interviewt. Wie gesagt, ich habe vielleicht mehr über dieses Bild nachgedacht als jeder andere. Weil sie nicht Bescheid weiß, Martha, meine ich. Sie hat es nicht in Aktion gesehen, so wie ich. Und sie hat auch nicht davorgestanden und beobachtet, wie die Leute es angucken. Vielleicht sollte sie das mal tun; dann könnte sie in Interviews auch was darüber sagen.

◎

Kurz bevor wir schlossen, kam der stinkende Spinner mit den Buttons mit einem Ei zurück und versuchte, es auf das Bild zu schmeißen. Ich sah das schon kilometerweit kommen und packte ihn am Arm, als er gerade ausholen wollte, und das Ei flog ganze zwei Meter weit und klatschte auf den Boden. Es war so erbärmlich, dass ich lachen musste, und ich dachte an den Jungen mit dem rostigen Metalldorn vor dem Club, und daran, warum ich den Job gekündigt hatte; ein spindeldürrer Irrer kann einen da kaum schrecken. Trotzdem war ich auch wütend, deswegen ließ ich ihn nicht los, nachdem er es geworfen hatte – ich drehte ihm den Arm brutaler auf den Rücken, als nötig gewesen wäre, und er fing an zu schreien. Ich schob ihn raus und den Korridor runter zum Haupteingang. Ich hasste diesen Pisser so sehr, dass ich ein bisschen übers Ziel hinausschoss – ich drehte ihm den Arm um und belegte ihn mit allen Schimpfworten der Welt, und er sagte, er würde mich verklagen, dass er mich bei der Polizei anzeigen und nicht für mein Seelenheil beten würde und hoffte, dass ich alle Qualen der Hölle erleiden müsste. Arschgesicht.

Aber er wusste genau, was er tat. Während ich den Spinner den Flur runterschob, gab es hinter mir einen Tumult, Schreie, Lärm, die Alarmsirenen und Fußgetrappel. Ich ließ den Spinner los und ging zurück zu meinem Bild, und dort standen ein paar andere Wachmänner und starrten auf den Boden. Irgendwer hatte *NippleJesus* gründlich demoliert. Sie hatten das Bild von der Wand gerissen, drauf herumgetrampelt und sich dann verpisst. Es war kaum noch was von ihm übrig.

Ich hätte heulen können. Ehrlich. Ich hatte Martha hängen lassen, und es war blöd von mir gewesen, aus dem Raum zu gehen, und erst, als ich das Bild so kurz und klein geschlagen auf dem Boden liegen sah, begriff ich, wie sehr ich es geliebt hatte. Aber ich will euch noch was sagen, was ganz Verrücktes: Diesen Christus da am Boden liegen zu sehen, das Gesicht kaputt ... das war ein richtiger Schock. Was die getan hatten, war blasphemischer als alles, was Martha getan hatte. Ich fragte mich, ob sie das bedacht hatten, als sie es taten. Ob sie einen Moment lang Zweifel hatten, oder Angst. Denn eins kann ich euch sagen: Wenn ich religiös wäre und daran glauben würde, dass es eine Hölle gibt, wo einem Schlangen die Augäpfel aussaugen und so, dann würde ich nicht hingehen und Jesus auf dem Gesicht rumtrampeln. Jesus ist Jesus, oder nicht? Egal, woraus er gemacht ist. Und vielleicht gehörte das auch zu den Dingen, die Martha ausdrücken wollte: Christus ist dort, wo man ihn findet.

Ein paar Leute von der Galerie kamen, Leute, die ich am Abend vorher auf der Party gesehen hatte, aber keiner machte sich auch nur die Mühe, mich was zu fragen. Also erzählte ich ihnen von dem Spinner und dem Ei und dass ich meinen Posten nicht hätte verlassen dürfen, aber niemand schien mir deswegen Vorwürfe zu machen. Dann kam ein Bulle, dem ich dieselbe Geschichte erzählte. Er schien sie allerdings komisch zu finden. Er lachte nicht oder so, aber man merkte, dass die Sache ganz weit unten auf seiner Liste ungeklärter Fälle stand.

Und dann kam Martha. Ich ging auf sie zu, weil ich sie in den Arm nehmen wollte, aber mir ging gerade noch rechtzeitig auf, dass mein Verhältnis zu ihr nicht das gleiche war wie ihres zu mir, wenn ihr versteht, was ich meine. Ich habe während der letzten paar Tage viel an sie gedacht, wegen meines Jobs, aber sie wird wohl kaum viel über mich nachgedacht haben, oder? Egal. Ich umarmte sie nicht. Ich ging bloß hin und sagte, tut mir leid und so, aber sie schien mich gar nicht zu hören. Sie schaute nur auf das Bild am Boden und sagte: »Oh, mein Gott«, was unter diesen Umständen durchaus passte.

Und als sie dann wieder aufblickte, strahlte sie. Sie war ganz aufgeregt, begeistert wie ein kleines Kind. Ich konnte es nicht glauben.

»Das ist perfekt«, sagte sie. »Brillant.«

»Wie meinen Sie das?«, fragte ich, jetzt kapierte ich nichts mehr.

»Wer hat das getan? Haben Sie es gesehen?«

Also erzählte ich ihr von dem Spinner mit dem Ei, und dass ich glaubte, er hätte mich reingelegt, mich drangekriegt, um mich aus dem Raum zu locken, damit seine Freunde ihr Werk tun konnten, und sie fand das toll. Sie fand die Geschichte von vorne bis hinten toll. »Perfekt«, sagte sie immer wieder. »Fantastisch.« Und dann: »Ich kann es kaum erwarten, das Video zu sehen.«

Und ich dann: »Welches Video?«, und sie zeigte auf die Überwachungskamera oben in einer Ecke des Raums.

»Das gehört dazu«, sagte sie. »Das ist Teil der Ausstellung. Ich habe gehofft, dass am ersten Tag jemand reinkommt und so was macht, und dass wir am zweiten Tag dann den Film zeigen können, und ... ich werde ihn *Intoleranz* nennen.«

Da musste ich an den Pfarrer denken und die Politikerin und all die anderen Leute, die herkamen und dann sagten, sie wären so angewidert und wie schockierend das sei, und ich konnte mir vorstellen, dass es für die Leute schon halbwegs komisch wäre, sie im Fernsehen zu sehen. Aber mehr dann auch wirklich nicht als halbwegs komisch.

»Das war also die Idee?«, sagte ich. »Dass einer reinkommt und es demoliert?«

»Sehen Sie es mal so«, sagte sie, »wäre das nicht passiert, stände ich dumm da. Dann wäre ich auf einem Jesusbild aus Brüsten sitzen geblieben, und was kann man damit schon anfangen, Dave? So heißen Sie doch, oder? Kunst hat mit Provokation zu tun, Dave. Die Menschen zu einer Reaktion zu provozieren. Und das ist mir gelungen. Ich bin Künstlerin.«

Ich erinnerte mich an die Party, daran, dass sie sich bei mir bedankt hatte, und fragte sie, warum sie das getan habe, wenn sie doch gerade wollte, dass jemand das Bild kaputt macht. Aber sie konnte sich nicht erinnern, mir gedankt zu haben. Ich sagte also, das müssen Sie doch noch wissen, gestern Abend, auf der Party. Als ich Sie fotografiert habe, und Sie kamen dann rüber, haben mich auf die Wange geküsst und ›Danke‹ gesagt. Und da zuckte sie mit den Schultern und sagte: »Ach ja, da hab ich mich wohl für das Foto bedankt.« Als wär das nicht der Rede wert. Was es offensichtlich auch nicht war, wie mir jetzt klar ist. Wenn man Künstlerin ist, hat es wahrscheinlich keine tiefere Bedeutung, jemanden auf die Wange zu küssen. Das machen die ständig. »Eine Packung Marlboro Lights, bitte.« Kuss. »Einmal Leicester Square, bitte.« Schmatz. Offensichtlich heißt es nicht, danke, dass Sie diesen wichtigen und gefährlichen Job übernommen haben. Blöde Kuh. Ich hätte einfach da stehen bleiben sollen. Ich hätte nicht mit dem stinkenden Spinner mit dem Ei rausgehen sollen. Denn genau genommen ... Der einzige Grund, warum es demoliert worden ist, ist, dass ich mir zu viel Sorgen darum gemacht habe. Ich hätte einfach da stehen bleiben, den Eierwurf verhindern und den Spinner verscheuchen können; aber er hatte mich wütend gemacht, er wollte meinem Bild – *meinem* Bild – Schaden zufügen, und ich wollte sichergehen, dass er das Gebäude verlässt, und ihm bei der Gelegenheit noch ein paar Rempler verpassen. Darum war ich nicht im Raum, als das Bild kaputt gemacht wurde. So. Sie würde das nicht kapieren, aber sie hatte mich für den Film genauso gebraucht wie die anderen.

Als ich gestern Abend nach Hause kam, kam ich mir blöd vor. Ich kam mir so vor, wie ich aussehe, wenn ihr so wollt: Wie ein eins achtundachtzig großer, fünfundneunzig Kilo schwerer Rausschmeißer mit kahl rasiertem Kopf, der keine Ahnung von Kunst hat. Zwei Tage lang hab ich gedacht, etwas wäre, na ja, schön und beschützenswert, und dabei war es die ganze Zeit ein Scheißdreck, der nur an der Wand hing, weil irgendeine blöde Kuh meinte, es wäre lustig, wenn es jemand kaputt machen würde. Also sind alle bescheuert, oder? Die Spinner sind bescheuert, weil sie das tun, was man von ihnen erwartet, und ich war bescheuert, weil ich versucht hab, sie daran zu hindern ... Die Einzige, die nicht bescheuert ist, ist Martha. Sie guckt uns zu und lacht sich eins. Tja, soll sie mich am Arsch lecken.

Aber vielleicht ist sie auch gar nicht so schlau, wie sie dachte. Denn jetzt zeigen sie das Video ein Stück weiter hinten im Flur, und keiner guckt hin. Es ist zu lang, die meiste Zeit passiert nichts, und sehen kann man eh nicht viel – sie haben die Kameraeinstellung versaut, man sieht zwar, wie das Bild von der Wand kommt, aber dass jemand darauf herumtrampelt, sieht man nicht. Und es ist nicht schön. Es ist bloß ein Überwachungsvideo, wie man es auch an der Tankstelle sieht, während man darauf wartet, dranzukommen. Und das ist es dann, was man anstelle von Jesus im Todeskampf bekommt. Wer ist nun der Trottel, Martha?

Jetzt habe ich eine Zwiebel. Eine beschissene Zwiebel. Und noch ein paar andere Sachen, Betten, Zelte und so einen Scheiß, weil ich keinen eigenen Raum nur für mich mehr habe; das Überwachungsvideo ist nicht kontrovers, also brauchen sie auch keinen, der darauf aufpasst. Aber mein Platz ist jetzt neben der Zwiebel, was mich zu Tode langweilt, denn was kann man über Zwiebeln schon groß nachdenken? Also tu ich's nicht. Ich sitze einfach da und überlege, was ich gerne machen würde, außer Tiger Woods oder Richard Branson zu sein.